Pädagogische Praxisimpulse

Band **17**

Die Zukunft des Lernens 2.0

Lernen in der Virtuellen Realität - Implikationen aus einer Lernergebnisstudie

Felix Mensch und Joy Backhaus

Reihe: Pädagogische Praxisimpulse

Herausgeber: Prof. Thomas Prescher

Bibliografische Information der Deutschen Nationalbibliothek: Die Deutsche Nationalbibliothek verzeichnet diese Publikation in der Deutschen Nationalbibliografie; detaillierte bibliografische Daten sind im Internet über dnb.dnb.de abrufbar.

Verlag: BoD · Books on Demand GmbH, In de Tarpen 42, 22848 Norderstedt
Druck: Libri Plureos GmbH, Friedensallee 273, 22763 Hamburg
ISBN: 978-3-7693-2239-2

Inhaltsverzeichnis

Abbildungsverzeichnis

Abkürzungsverzeichnis

ANCOVA	Analysis of Co-Variance
ANOVA	Analysis of Variance
AR	Augmented Reality
ATA	Anästhesietechnische Assistenz
HMD	Head Mounted Display
MR	Mixed Reality
OTA	Operationstechische Assistenz
VIGATU	Virtueller Gastrotutor
VR	Virtuelle Realität / Virtual Reality
XR	Cross Reality

Tabellenverzeichnis

1. Einleitung

Das Bildungssystem steht vor großen Herausforderungen, zu deren Lösung es Innovationen bedarf. Die zunehmende Digitalisierung gerade durch die alltägliche Nutzung von Computern, Smartphones und anderen digitalen Medien gewinnt immer mehr an Bedeutung in allen Bereichen unseres Lebens (Siegfried & Hermkes, 2020, S. 63). Dieser Anstieg der Digitalisierung aller Lebensbereiche resultiert in einem Wandel des menschlichen Alltags sowie in einer Erweiterung der Optionen hinsichtlich der Zugänglichkeit und Verbreitung von Wissen, Informationen und Daten. Diese Möglichkeiten der Digitalisierung bieten nicht nur eine Option für ein selbstbestimmtes Leben und die soziale Teilhabe aller Menschen an gesellschaftlichen Prozessen, sondern darüber hinaus betrifft diese Entwicklung auch die beruflichen Anforderungen (Kultusministerkonferenz, 2021, S. 2). Gleichzeitig muss ein Rahmen für den Einsatz digitaler Medien und Werkzeuge in Unterricht und Schule beispielsweise für den Umgang mit Bildungsdaten sowie für die Förderung von Kompetenzen für eine Kultur der Digitalität gesetzt werden. (Kultusministerkonferenz, 2021, S. 4)

Der Herausforderung, dies in die gesundheitsberufliche Ausbildung einzuflechten, stellt sich der Verfasser dieser Arbeit nunmehr seit 2015 im Rahmen der Ausbildung zur Anästhesietechnischen Assistenz (ATA) und der Operationstechnischen Assistenz (OTA). In der hieraus entwickelten Welt des Lernens in der Virtuellen Realität (VR) arbeitet sich der Autor seit 2019 ein. Im Rahmen der ersten, selbst erarbeiteten Studie im Jahr 2020 (Mensch & Backhaus, 2020) konnten erste richtungsweisende Hypothesen erforscht und teilweise beantwortet werden. Innerhalb der retrospektiven Betrachtung der eben erwähnten

Forschung möchte der Autor nochmals darauf eingehen, dass die Hypothese der erhöhten Motivation durch den Unterricht in der Virtuellen Realität bestätigt werden konnte. Noch viel wichtiger ist aus Sicht des Verfassers, dass die Hypothese des verbesserten Lernerfolgs mittels dieser signifikanten Studie und der zugehörigen Datenanalyse zumindest teilweise bestätigt werden konnte. Der Lernerfolg ist auf jeden Fall als verändert zu betrachten und durch den verstärkten Einsatz der Virtuellen Realität im Unterrichtsgeschehen zu verbessern. Allerdings ist die Virtuelle Realität in den Ausbildungsberufen der Medizin weiterhin als Randerscheinung zu betrachten. Gerade in der medizinischen Ausbildung ist relevant, dass der Theorie-Praxis-Transfer reibungslos ermöglicht wird. Dies wird aktuell durch praktische Übungen bewerkstelligt. Durch den Einsatz der Virtuellen Realität können an dieser Stelle bessere Ergebnisse erzielt werden. Viele der praktischen Übungen sind nur fiktiv durchzuführen, eine reale Situation ist nicht immer nachzustellen. In der Ausbildung zur ATA oder OTA ist es als essenziell anzusehen, dass alle Beteiligten innerhalb einer Lehrsituation die gleiche Situation erleben können. Ein Missverständnis könnte zur Schädigung von Patienten führen. Auf Grund dieser Erfahrung hatte der Autor die fachpraktischen Themen der Studieninterventionen ausgewählt. Es konnte eine Situation beobachtet werden, die durch die klassischen Sozialformen und Methoden im Unterricht nicht in dieser Form möglich war. Allein aus hygienischer Sicht ist es nicht möglich, mit einem 24-köpfigen Klassenverband gleichzeitig im OP-Saal zu sein. Die Störung des OP-Teams ist hierbei nicht berücksichtigt, aber ebenfalls relevant. Gerade aus einer gemeinsam erlebten Situation kann durch das kumulierte Wissen der Gruppe aus der Beobachtung eine verbesserte Ausgangslage für den Theorie-Praxis Transfer erreicht werden. (Mensch & Backhaus, 2020, S. 91/92)

2

Aus den Ergebnissen der 2020 vorgestellten Studie leitet der Autor ab, dass die Virtuelle Realität gerade in der Anatomie und der Krankheitslehre als Sozialform relevant sein kann. Die immersiven Visualisierungen der Lerninhalte können gerade in die den erwähnten Teilbereichen des theoretischen Unterrichts Vorteile bieten.

In den letzten Jahren hat sich die Virtuelle Realität zu einer innovativen und vielversprechenden Technologie im Bildungsbereich entwickelt. VR ermöglicht es den Lernenden, in immersiven und interaktiven virtuellen Umgebungen zu interagieren, was das Lernen zu einer fesselnden und einnehmenden Erfahrung macht. Im Vergleich dazu steht der traditionelle Frontalunterricht, bei dem der Lehrer das Wissen vermittelt und die Schüler zuhören. In diesem Buch wird der Autor die Verwendung von VR als Lehr- und Lernmethode im Vergleich zum Lernen im Frontalunterricht genauer betrachten und die potenziellen Vor- und Nachteile dieser Ansätze durch eine sequenzielle Studie abbilden.

1.1 Zielsetzung der Arbeit

Im Rahmen des im Anschluss beschriebenen Forschungsvorhabens soll eine moderne und zukunftsorientierte Unterrichtsmethode bezüglich ihres Lernoutcomes evaluiert werden. Gerade im Bereich der Digitalisierung der Lehre hat die pandemische Situation deutliche Defizite aufgezeigt. Hinzu kommt, dass bereits 2016 die Kultusministerkonferenz eine Forderung nach einem generationengerechten und innovativ digitalen Unterricht in ihren Vorgaben hinterlegt hat. (Kultusministerkonferenz, 2016, S. 25)

Auch für berufsbildende Schulen gilt, dass sowohl die Lehrkräfte als auch die Auszubildenden auf die neuen Möglichkeiten in der didaktischen Vielfalt vorbereitet werden sollten.

> „Die Berufsbildung in Deutschland ist ganz wesentlich durch das Modell der dualen Ausbildung geprägt, in dem zwei gleichwertige Lernorte eng miteinander verzahnt sind. [...] Das Lernen mit und über digitale Medien findet beispielsweise in hohem Maße auch auf informeller Ebene statt. Es verändern sich berufliche Handlungskompetenzen und die Form, in welcher diese in der Schule und im Unternehmen erworben werden [...]." (DLR Projektträger Europäische und Internationale Zusammenarbeit Arbeitsgruppe „Internationalisierung der Berufsbildung", 2019, S. 39)

Auf Grund dieser Feststellung sollte ein Umdenken in der Bildungslandschaft beginnen und die Digitalisierung in den Unterrichten nicht nur durch neu angeschaffte Tablet Computer umgesetzt, sondern auch die Sozialformen im Unterricht an die neue Medienvielfalt angepasst werden.

Im Rahmen dieser Arbeit soll eine moderne und zukunftsorientierte Sozialform im Unterricht beschrieben werden, welche mit geringem Kosten- und Personalaufwand durchgeführt werden kann. Die positiven Erfahrungen aus dem fachpraktischen Unterricht sollen nun auf theoretische Inhalte übertragen werden. Aus diesen Gründen möchte sich der Autor erneut mit der Frage auseinandersetzen:

Wirkt sich eine digitale Sozialform auch im theoretischen Unterricht auf das Lernergebnis der Auszubildenden aus?

Durch den Einsatz neuer Medien, zum Beispiel Head Mounted Displays (HMD) im fachpraktischen, beziehungsweise theoretischen Unterricht, kann durch den spontanen Zugriff auf Vorgänge in der Praxis oder auf 3-dimensionale Visualisierung anatomischer Strukturen ein großes Maß an Informationen transportiert werden. Aktuell werden virtuelle Technologien in der Luftfahrt, der Medizin oder beim Militär als gängige Praxis angeboten (Jenewein & Hundt, 2009, S. 4). Nicht nur im Studium der Medizin, sondern auch in der medizinischen Ausbildung befindet sich die Virtuelle Realität auf dem Vormarsch. Das Berner Bildungszentrum Pflege ist hier bereits mit den ersten Studien zur Handhabe im Unterricht in die Vorreiterrolle getreten. In Bern können angehende Pflegefachkräfte durch das virtuelle Erleben in den Pflegealltag eintauchen und immersiv lernen. Es konnten an der Berufsfachschule für Anästhesie- und Operationstechnische Assistenz des Universitätsklinikums Würzburg erste Erfolge im Umgang mit der Sozialform einer teil-immersiven virtuellen Realität im Unterrichtsgeschehen verzeichnet werden. Gerade in der Phase der Retention konnte eine Verbesserung der Lernfolge verzeichnet werden (Mensch & Backhaus, 2020, S. 81)

Es entsteht der Eindruck, dass sich innovative, moderne und insbesondere digitale Sozialformen im Unterricht gerade auf den Sprung in den täglichen Gebrauch der schulischen Ausbildung machen.

5

Als zu verifizierende Hypothese des Konsortialführers gilt es, die potenzielle Verbesserung des Lernergebnisses durch Virtuelle Realität als Sozialform im Unterricht zu prüfen. Diese Annahme stützt sich auf die Ergebnisse der Lernergebnisstudie „Virtuelle Realität. Die Zukunft des Lernens". Dort wurde herausgestellt:

Die Studie zeigt, dass sowohl die Virtuelle Realität als auch der Frontalunterricht einen Lernzuwachs bewirken. Allerdings ist die Auswirkung zu den unterschiedlichen Messzeitpunkten verschieden (Interaktionseffekt). Während die Virtuelle Realität ein nachhaltigeres Ergebnis erzielt, ist der Wissenszuwachs in T1 des Frontalunterrichtes deutlich höher. Wohingegen der T2 Wert bereits wieder abfällt und auf einen Wissensverlust schließen lässt. (Mensch & Backhaus, 2020, S. 86)

Nachdem die Leitfrage der Arbeit „Wirkt sich die digitale Sozialform auch im theoretischen Unterricht auf das Lernergebnis der Auszubildenden aus" lautet, wird diese Hypothese durch eine deskriptiv statistische Erhebung betrachtet.

Hypothese 1: Besseres Lernergebnis durch Virtuelle Realität im theoretischen Unterricht

Nachdem die Leitfrage der Arbeit „Wirkt sich die Sozialform auf das Lernergebnis der Auszubildenden aus" lautet, wird die 1. Hypothese im Hauptteil durch eine statistische Erhebung betrachtet. Diese wird mittels einer zweifaktoriellen AN(K)OVA-Studie mit Messwiederholung interferenzstatistisch auf Ihre Signifikanz überprüft. Die dezidierteren Ausführungen hierzu finden sich in den Kapiteln 3, 4 und 5

Hypothese 2: Das Lernergebnis konsolidiert sich durch den stetigen Einsatz der Sozialform Virtuelle Realität

Die Nutzung von virtueller Realität als Sozialform beim Lernen kann nicht nur vorübergehende Auswirkungen auf das Lernergebnis haben, sondern auch langfristige Veränderungen bewirken. Durch die immersiven Erfahrungen, die die Virtuelle Realität bietet, können Lernende in eine realitätsnahe Umgebung eintauchen, Kenntnisse erwerben und sinnstiftend erfassen. Dies kann zu einer verbesserten Aufmerksamkeit, Motivation und Wissensretention führen. Darüber hinaus ermöglicht die Virtuelle Realität auch kollaboratives Lernen, bei dem Lernende miteinander interagieren und gemeinsam Aufgaben lösen können. Dies fördert den Austausch von Ideen und die Entwicklung sozialer Kompetenzen. Insgesamt hat die Nutzung von Virtueller Realität das Potenzial, das Lernergebnis nachhaltig zu verändern.

Im Zuge dieser Hypothese gilt es zu eruieren, ob sich das Lernergebnis durch die Gewöhnung an diese Lernform verstetigt oder die Veränderung, welche im Rahmen der Studie von 2020 (Mensch & Backhaus, 2020) detektiert wurde, abschwächt. Um dies abzubilden, werden die Studien in Abschnitt 5.1.5 verglichen und diskutiert.

1.2 Literaturrecherche

Um die Literatur zu den Themen der Arbeit vollständig zu erfassen, wurden zum Zwecke der Recherche die digitalen Möglichkeiten des Internets, allem voran die Portale „ResearchGate" und „PubMed", aber auch die Präsenzsammlung der Universitätsbibliothek Würzburg genutzt.

Um hier eine Struktur in der Recherche abzubilden und um die Vergleichbarkeit der Studien zu gewährleisten, wurde weiterhin nach den Begriffen Sozialformen im Unterricht, Frontalunterricht, Lernen und VR (Virtuelle Realität) geclustert. Im Rahmen der Recherche ist erneut die Bandbreite bei den Bergriffen Sozialformen im Unterricht, Frontalunterricht und Lernen groß. Es gilt zudem anzumerken, dass mit dem Begriff

Virtuelle Realität ein beachtenswerter Zuwachs an veröffentlichter Forschungsaktivität einhergeht. Es gilt festzuhalten, dass dieser vornehmlich auf die Forschung in der Industrie zurückzuführen ist. Verhältnismäßig häufig taucht hier der konkretisierte Suchbegriff „VR in der Beruflichen Bildung" auf. „VR in der Medizin" und „VR in der Schule" sind hier noch immer unterrepräsentiert.

Um Die Forschungsergebnisse eindeutig abzubilden, wurden in der Recherche nach den Grundbegriffen der quantitativen Forschung und der sozialwissenschaftlichen Datenanalyse gesucht, zum Beispiel „deskriptive Statistik", „Variable", „Item" und „Ausprägung".

Da die Grundüberlegungen innerhalb der bereits erwähnten Studie von 2020 und der nun zu erarbeitenden Studie gleichbleibend sind, gilt weiterhin im Gebiet der Sozialform des „Frontalunterrichts" Hilbert Meyer mit seinen Werken Unterrichtsmethoden I und II als der zugrundeliegende Maßstab. Aber auch Gudjons mit seinem Buch „Frontalunterricht – neu entdeckt" wird weiterhin Beachtung finden.

Das Vorgehen zu dem Begriff „Lernen" verhält sich analog, so dass auch hier das Buch „Neurodidaktik Grundlagen und Vorschläge für gehirngerechtes Lehren und Lernen" als grundlegend betrachtet werden kann.

Durch die mannigfaltigen Optionen zur Einteilung der Lerntypen gilt die Reduktion als Mittel der Wahl. Die Bildungswissenschaftler Vester und Kolb sind weiterhin als federführend zu betrachten. Um das Gebiet des Lernens abzuschließen, sind aus Sicht des Verfassers dieser Arbeit die Werke von Jenewein und Hundt unverändert zum Thema des Lernens in einer virtuellen Umgebung als belastbare Quelle anzuführen.

Weiterhin gilt es zu konstatieren, dass im Bereich der Gesundheitsberufe die Veröffentlichungsaktivität zur Virtuellen Realität und dem Lernen mittels VR ansteigend ist. Die Ergebnisse dieser wissenschaftlichen Arbeiten zeigen eine erhöhte Lernmotivation und Lernbereitschaft auf. Allerdings wurden hier Szenarien in der Virtuellen Realität mit einem hochgradigen Immersionsfaktor betrachtet, welche einen immensen finanziellen Aufwand bedeuten und nur kleineren Gruppen zugänglich gemacht werden können.

1.3 Aufbau der Arbeit

Die Hypothesen resultieren aus der Vorerfahrung, bezugnehmend auf die selbst durchgeführte Lernergebnisstudie von 2020. Zudem sieht der Autor, dass weiterhin die Generation der Digital natives die Großzahl der Auszubildenden stellt (Kapitel 4.3), ein Ergebnis der zunehmenden Digitalisierung des alltäglichen Umfeldes. Bereits in der ersten Studie, in welcher die Hypothese des verbesserten Lernerfolgs mittels einer signifikanten Studie und der zugehörigen Datenanalyse zumindest teilweise bestätigt werden konnte, sollte sich auch das Lernergebnis mit theoretischen Unterrichtsinhalten verändern. Um dies abschließend zu klären, müssen in den fachtheoretischen Grundlagen zunächst die verschiedensten Lerntypen betrachtet (Kapitel 2.1.1) werden. Die beiden in der Studie bewerteten Sozialformen der Unterrichtsführung und die hiermit angesprochenen Lernkanäle müssen definiert werden. Das virtuelle Lernen ist hierbei als Sonderform anzusehen (Kapitel 2.1.3). Dieser Anteil der Grundlagen soll kurz aufbereitet abgebildet werden, um anschließend den Fokus auf das Lernen in der Virtuellen Realität zu legen.

In dieser Thesis wird das Hauptaugenmerk auf die Studie „Lernergebnis im theoretischen Unterricht nach der Intervention mittels VR-Brillen" liegen (Kapitel 4). Im Anschluss der ausführlichen Betrachtung und statistischen Bewertung (Kapitel 5) werden Vergleiche zur Lernoutcome

Studie von 2020 (Mensch & Backhaus, 2020) gezogen werden, um abschließend die Veränderung des Lernens abzubilden und die Kritik an der vorangegangenen Forschung zu beantworten.

1.4   Kriterien der Studie

Der Fokus in dieser Forschungsarbeit liegt auf der Frage: Wie wirkt sich die Sozialform auf das Lernergebnis der Auszubildenden aus? Demnach ist das Lernergebnis als Forschungsgegenstand hervorzuheben. In der Entwicklung des Studienformates wurde darauf geachtet, dass weiterhin die Voraussetzung anlog zur Studie im fachpraktischen Unterrichtsgeschehen eingehalten werden, um eine Vergleichbarkeit der Ergebnisse zu gewährleisten. Somit liegt erneut das Hauptaugenmerk im Studiendesign auf den Lernergebnissen und dem Verlauf der Lernergebnisentwicklung, welche sowohl deskriptivstatistisch als auch interferenzstatistisch und stratifiziert betrachtet werden. Die Interferenzstatistik und die stratifizierte Betrachtung sollen eine Aussage über die Signifikanz der Interventionsarten und der Messzeitpunkte bezüglich des Lernergebnisses liefern. Zudem wurden die Variablen und Co-Variablen auf ihren Einfluss getestet. Ebenso wird im Rahmen der Studie die potenzielle Veränderung im Lernergebnis auch nach einer Retentionsphase von 14 Tagen abgebildet werden. Es gilt zu beachten, dass die Dauer der Lernphase von Person zu Person variieren kann. Es hängt von verschiedenen Faktoren ab, wie zum Beispiel dem Lernstil, der Motivation und dem Umfang des zu erlernenden Stoffes. Es ist wichtig, regelmäßig zu üben und sich genügend Zeit für das Lernen zu nehmen, um das Gelernte effektiv zu festigen. Es gibt jedoch keine festgelegte Zeitdauer für die Retentionsphase, da das Lernen ein individueller Prozess ist.

Die Frage nach der potenziell veränderten Motivation, welche sich in einer statistischen Auswertung mittels der im Erhebungsbogen inkludierten Fragen erheben lässt, ist als bedeutender Nebeneffekt zu betrachten.

2. Fachtheoretische Grundlagen

Im Rahmen der Beschreibung des Forschungsvorhabens ist es zunächst wichtig, die verwendeten Grundbegriffe eindeutig zu klären. Im folgenden Abschnitt werden diese dargestellt, um eine gemeinsame Ausgangslage zu definieren.

Im ersten Schritt ist es wichtig, den Begriff Sozialform gemäß den Konzepten von Hilbert Meyer zu definieren. Es wird die Interaktion und Kommunikation zwischen Lehrern und Schülern sowie zwischen den Schülern selbst im Unterricht abgebildet. Hieraus entwickelt sich die Beschreibung des Frontalunterrichts und dessen Merkmale, zum Beispiel nach Herbert Gudjons.

Für das bessere Verständnis bezüglich der Studieninterventionen ist obligat, den Begriff Virtuelle Realität zu definieren und zu erläutern, wie sie im Forschungskontext dieser Thesis adaptiert wird. Entsprechend werden auch potenzielle Risiken und Herausforderungen beim Einsatz von Virtual Reality im Unterricht diskutiert werden, zum Beispiel die gesundheitlichen Aspekte.

Um das Lernergebnis abschließend zu betrachten und den Vergleich unter den Sozialformen herauszuarbeiten, ist der Lerntyp der Auszubildenden entscheidend. In den fachtheoretischen Grundlagen spielt die Erschließung der Lerntypen eine ebenso wichtige Rolle.

Die Integration von Technologie in die Bildung bringt sowohl Chancen als auch Herausforderungen mit sich, die bewältigt werden müssen, um das volle Potenzial der digitalen Bildung auszuschöpfen. Als Voraussetzung für ein Gelingen der Integration ist wichtig, dass Lehrende über ausreichende digitale Kompetenzen verfügen, um effektiv mit Technologie im Unterricht arbeiten zu können. Dazu gehören das Verständnis und die Nutzung von digitalen Werkzeugen, Lernplattformen, interaktiven Medien und die Fähigkeit, digitale Ressourcen zu erstellen und zu bewerten. Dem entsprechend ist es obligat, dass in der Aus- und Weiterbildung der Lehrkräfte auf die Entwicklung digitaler Kompetenzen und die Integration von Technologie in den Unterricht Wert gelegt werden muss. Lehrende müssen in der Lage sein, digitale Lehrmethoden zu entwickeln, die den individuellen Bedürfnissen und Lernstilen der Schüler gerecht werden. Ferner ist es bedeutend, dass die Akzeptanz und Bereitschaft zur Veränderung hin zur digitalen Bildung durch alle Protagonisten wie Lehrer, Schulleiter, Schüler, Eltern und Bildungspolitiker sichergestellt ist. Neben der Akzeptanz müssen geeignete Rahmenbedingungen in den Schulen und Bildungseinrichtungen geschaffen werden. In diesem Zuge muss die Chancengleichheit für die Schülerinnen und Schüler sichergestellt werden. Die Digitalisierung der Bildung soll für alle Schülerinnen und Schüler zugänglich sei und keine weiteren Bildungsungleichheiten schaffen.

Die Digitalisierung der Bildung bietet großes Potenzial, das Lernen effektiver, interaktiver und personalisierter zu gestalten. Gleichzeitig müssen jedoch die Herausforderungen und potenziellen Risiken wie Datenschutz, Medienkompetenz, Ablenkung und Informationsüberflutung angemessen berücksichtigt werden. Eine ganzheitliche und zielgerichtete Strategie zur Digitalisierung der Bildung kann dazu beitragen, die Vorteile der Technologie zu nutzen und so die Bildungslandschaft auf eine moderne und zukunftsfähige Ebene zu heben. (Zinn, Tenberg, & Pittich, 2019, S. 18/19).

2.1   Lernen

Lernen kann, als ein Prozess definiert werden, bei dem eine Person neue Informationen, Fähigkeiten, Verhaltensweisen oder Konzepte erwirbt und diese in ihr Wissen und Handeln integriert. Es beinhaltet die

Aufnahme, Verarbeitung und Speicherung von Informationen sowie die Anwendung des Gelernten in verschiedenen Kontexten. Lernen kann auf verschiedene Arten erfolgen, zum Beispiel durch Beobachtung, Erfahrung, Unterricht oder Selbststudium. Es ist ein dynamischer Prozess, der individuell unterschiedlich sein kann und durch Motivation, Interesse und persönliche Erfahrungen beeinflusst wird. Das Ziel des Lernens ist, Wissen und Fähigkeiten zu erweitern und anzuwenden, um persönliches Wachstum, berufliche Entwicklung und lebenslanges Lernen zu fördern.

Im Lernprozess wird das limbische System durch die Kriterien wichtig/unwichtig, wünschenswert/nicht wünschenswert, angenehm/unangenehm aktiviert, um eine Abspeicherung im emotionalen Erfahrungsgedächtnis zu ermöglichen. Positive Emotionen können eine wichtige Rolle dabei spielen, das Lernen zu verbessern und eine Verfestigung im Gedächtnis zu ermöglichen. Es gibt eine enge Verbindung zwischen Emotionen und Gedächtnisbildung, die als "Emotionales Gedächtnis" bezeichnet wird. Positive Emotionen wie Freude, Interesse oder Begeisterung können die Aufmerksamkeit und die Motivation der Lernenden steigern. Wenn jemand positiv auf eine Lernerfahrung reagiert, ist es wahrscheinlicher, dass er oder sie sich aktiv damit beschäftigt und sich tiefer in das Thema einarbeitet. Positive Emotionen können dazu beitragen, neue Informationen leichter mit bereits vorhandenem Wissen zu verknüpfen. Wenn Lernende positive Assoziationen mit einem Thema haben, fällt es ihnen einfacher, neue Informationen in ihren bestehenden Wissensrahmen einzubetten. Emotionen können auf diesem Weg die Gedächtnisbildung verstärken. Positive Gefühle können dazu führen, dass das Gehirn stärker auf bestimmte Ereignisse oder Informationen reagiert und diese besser im Gedächtnis gespeichert werden. Dies fördert das Neugierverhalten, welches als wichtiger Bestandteil des erfolgreichen Lernens angesehen werden kann (Herrmann, 2009, S. 13).

Aus Sicht des Verfassers gilt es bei der Lernform „Virtuelle Realität" zu beachten, dass auf Grund des „Neugierverhaltens" aus neuropsychologischer Sicht das Präsenzerleben ein hervorzuhebender Faktor ist.

2.1.1 Lerntypen

Lerntypen bezeichnen verschiedene individuelle Präferenzen und Herangehensweisen, wie Menschen Informationen aufnehmen, verarbeiten und lernen. Es gilt anzunehmen, dass Lernende unterschiedliche, bevorzugte Methoden haben, um Wissen zu erwerben und zu verstehen. Es ist jedoch wichtig zu beachten, dass das Konzept der festen Lerntypen wissenschaftlich umstritten ist, da es keine klaren Beweise dafür gibt, dass bestimmte Unterrichtsmethoden besser für bestimmte Lerntypen geeignet sind.

Die häufigsten Lerntypenansätze, die in der Pädagogik und Bildung diskutiert werden, basieren auf der Theorie von Vester:

Visueller Lerntyp: Visuell Lernende bevorzugen das Sehen von Informationen in Form von Diagrammen, Grafiken, Videos oder anderen visuellen Darstellungen. Sie lernen gut durch das Betrachten von Bildern und der Visualisierung von Konzepten.

Auditiver Lerntyp: Auditive Lernende bevorzugen das Hören von Informationen, sei es durch mündliche Erklärungen, Vorträge oder Podcasts. Sie lernen gut, wenn sie Informationen hören und diese gesprochenen Worte verarbeiten.

Lesender/schriftlicher Lerntyp: Lesende/schriftliche Lernende lernen am besten, wenn sie Informationen lesen und schreiben. Sie bevorzugen das Lesen von Texten und das Verfassen von Notizen oder Zusammenfassungen.

Kinästhetischer Lerntyp: Kinästhetisch Lernende bevorzugen praktische Erfahrungen und das Einbeziehen von Bewegung in den Lernprozess. Sie lernen gut durch Handlungen, Experimente und praktische Übungen. (Quilling, 2015, S. 3)

Es ist wichtig zu betonen, dass die meisten Menschen eine Kombination von verschiedenen Lernstilen haben und nicht ausschließlich einem bestimmten Lerntyp zugeordnet werden können. Der Ansatz, dass bestimmte Lehrmethoden für bestimmte Lerntypen besser geeignet sind, wird von einigen Bildungsexperten und Forschern in Frage gestellt, da es keine wissenschaftlichen Beweise dafür gibt, dass diese Theorie effektiv ist.

Dennoch gilt es David A. Kolb zu erwähnen, der das Modell des "Experiential Learning" (Erlebnisorientiertes Lernen) entwickelt hat. Er stellte die Idee auf, dass Lernen ein zyklischer Prozess ist, der durch Erfahrung und Reflexion geprägt wird.

Das von ihm entwickelte Modell wird oft als "Kolb'scher Lernzyklus" bezeichnet und besteht aus den folgenden vier Phasen:

Konkrete Erfahrungen (Concrete Experience): Dies ist die Phase, in der Lernende aktiv neue Erfahrungen machen, sei es durch Handlungen, Interaktionen oder persönliche Erlebnisse.

Beobachtung und Reflektion (Reflective Observation): In dieser Phase beobachten und reflektieren die Lernenden ihre Erfahrungen. Sie analysieren was passiert ist, und versuchen, Muster und Zusammenhänge zu erkennen.

Abstrakte Konzepte bilden (Abstract Conceptualization): Hier versuchen die Lernenden, abstrakte Konzepte oder Theorien zu entwickeln,
um ihre Erfahrungen zu erklären und zu verstehen. Sie ziehen Verbin-
dungen zu bestehendem Wissen und versuchen, ihre Erfahrungen in
einen theoretischen Rahmen zu integrieren.

Aktives Experimentieren (Active Experimentation): In dieser letzten
Phase wenden die Lernenden ihre abstrakten Konzepte und Theorien
in der Praxis an. Sie setzen ihre Ideen in Handlungen um und testen,
wie gut ihre Konzepte funktionieren. (Kolb, 1984)

Der Kolb'sche Lernzyklus ist ein sich stetig wiederholender Kreislauf.
Er betont die Wichtigkeit der Verbindung zwischen Erfahrung und Reflexion sowie zwischen Theorie und Praxis. Lernende durchlaufen diesen Zyklus nicht unbedingt linear, sondern können an verschiedenen
Punkten einsetzen und Feedback aus den unterschiedlichen Phasen
nutzen, um ihr Lernen zu verbessern. Innerhalb der eben beschriebenen Phasen teilt Kolb die Lernenden in die Gruppe der „Divergierer",
„Assimilierer", „Konvergierer" und in die „Akkomodierer" ein. Wenn der
Auszubildende seinen Ausgangspunkt und somit eigentlichen Lernstil
im Zyklus kennt, kann dieser die drei anderen Stationen aktiv durchlaufen. Nur so können Lernergebnisse verbessert und vertieft werden.
(Kolb, 1984) zit. nach (Quilling, 2015, S. 4)

In der Unterrichtsplanung, aber auch im Rahmen der durchgeführten Studien ist auf die Berücksichtigung der verschiedenen Lernstile zu achten.

Als „Divergierer" bzw. Entdecker bezeichnet Kolb die Personen, welche gut durch konkrete Erfahrungen und reflektierte Beobachtungen lernen können. Die Kolb'sche Handreichung hierzu stellt die Fragen:

- Ist es möglich, das Problem, das Wissen, das neu erworben werden soll, aus möglichst vielen Perspektiven zu betrachten?

- Wird die Vorstellungskraft angeregt und ist ein Austausch mit anderen möglich?

- Können eigene Erfahrungen gemacht werden?

- Gibt es Visualisierungen?

Die zweite Gruppe ist als „Assimilierer" bzw. Denker bezeichnet. Diese beobachtet und reflektiert unter Bildung von abstrakten Begriffen, welche sie zu theoretischen Modellen umwandelt. Nach Kolb stellen sich folgende Fragen:

- Gibt es übergeordnete Konzepte und Theorien zu den Lerninhalten?

- Ist es möglich, Fakten zu sammeln und zu einem Konzept zusammenzufassen?

- Gibt es Phasen der Einzelarbeit?

- Ist die Lernsituation strukturiert?

Die Stärke der „Konvergierer" bzw. Entscheider liegt in der abstrakten Begriffsbildung und dem aktiven Experimentieren. Die Fragestellungen hierbei lauten:

18

- Gibt es Theorien, die man in der Praxis umsetzen kann?

- Können Experimente eingebunden werden?

- Ist ein Praxistransfer möglich?

Die „Akkomodierer" bzw. Praktiker unterscheiden sich von den zuvor beschriebenen dadurch, dass sie durch aktives Experimentieren lernen, allerdings anhand von konkreten Erfahrungen, somit sind Fragen zum besseren Verständnis nötig.

- Kann man etwas ausprobieren, sich Inhalte intuitiv erschließen und so seine Erfahrungen machen?

- Ist es möglich, mit anderen zusammenzuarbeiten?"

(Kolb, 1984) zit. n. (Mensch & Backhaus, 2020)

Es ist jedoch wichtig zu betonen, dass einige Forscher die Idee von festen Lerntypen kritisieren und argumentieren, dass Menschen in verschiedenen Situationen unterschiedliche Präferenzen und Herangehensweisen haben können. Dennoch bleibt das Modell von David A. Kolb eine wertvolle Theorie für Pädagogen und Bildungsfachleute, um das Lernen besser zu verstehen und entsprechende Lehrmethoden zu gestalten.

2.1.2 Lernen im Frontalunterricht

"Lernen im Frontalunterricht" beschreibt eine traditionelle Lehrmethode, bei der ein Lehrer vor einer Klasse steht und den Schülern Informationen präsentiert, ohne dass diese aktiv in den Unterrichtsprozess eingebunden sind. Der Frontalunterricht ist geprägt von einer einseitigen Wissensvermittlung des Lehrers, der den Stoff vor der gesamten Klasse vorträgt. Die Schüler hören zu, nehmen Notizen auf und stellen gegebenenfalls Fragen.

Typische Merkmale des Frontalunterrichts sind, dass die Lehrperson im Mittelpunkt des Geschehens steht und den Hauptteil der Verantwortung für die Wissensvermittlung trägt. Gleichzeitig sind die Schüler und Schülerinnen in der Regel passiv und hören der Lehrkraft zu. Sie haben wenig oder keine aktive Rolle bei der Gestaltung des Unterrichts. Der Unterricht folgt einem vordefinierten Lehrplan, der oft in einzelne Lektionen oder Unterrichtseinheiten unterteilt ist. Die Interaktion zwischen Lehrer und Schülern ist begrenzt, es gibt in der Regel wenig Diskussionen oder Gruppenarbeiten während des Unterrichts. Der Frontalunterricht kann effektiv sein, um grundlegende Informationen und Konzepte zu vermitteln oder um ein breites Publikum zu erreichen. Allerdings hat diese Methode auch einige Nachteile. So kann die passive Rolle der Schüler dazu führen, dass sie sich weniger engagieren und das Interesse am Lernen verlieren. Zudem werden individuelle Bedürfnisse und Lerngeschwindigkeiten der Schüler oft nicht ausreichend berücksichtigt. (Gudjons, 2011)

In den letzten Jahren hat sich das Bildungssystem jedoch weiterentwickelt, und es werden vermehrt alternative Unterrichtsmethoden wie kooperatives Lernen, projektorientiertes Lernen, flipped classroom (umgekehrter Unterricht) und andere aktive Lernformen eingesetzt, um das Engagement und die Beteiligung der Schüler zu fördern. Diese Ansätze ermöglichen den Schülern eine aktivere Rolle im Lernprozess und fördern das eigenständige Denken und die Problemlösungsfähigkeiten. (Dingfeld, Fricke, & Vergöhl, 2020, S. 189/190) Eine konkretere Beschreibung der Sozialform Frontalunterricht erfolgt im Abschnitt 2.2.1.

2.1.3 Lernen in einer virtuellen Umgebung

Eine virtuelle Lernumgebung ist ein Lernkontext, der digitale Technologien und Online-Plattformen nutzt, um Lerninhalte zu vermitteln und interaktive Lernerfahrungen zu ermöglichen. Im Zusammenhang mit konstruktivistischen Instruktionstheorien werden virtuelle Lernumgebungen oft als besonders geeignet angesehen, da sie den Lernenden als aktive Informationsverarbeiter sehen und die aktive Auseinandersetzung mit den Lerninhalten fördern. (Schaper, 2000, S. 280 ff) (Mandl, Reinmann-Rothmeier, & Gräsel, 1998, S. 22 ff)

Als hervorzuhebendes Merkmal, welches die virtuellen Lernumgebungen kennzeichnet, ist zum Beispiel die Interaktivität zu sehen. Virtuelle Lernumgebungen bieten den Lernenden die Möglichkeit, aktiv mit den Lerninhalten zu interagieren. Dies kann durch interaktive Übungen, Simulationen, Diskussionsforen und andere Online-Aktivitäten geschehen. Aber auch die Individualisierung ist anzuführen. Virtuelle Lernumgebungen können sehr häufig auf die individuellen Bedürfnisse und Lernstile der Lernenden zugeschnitten werden. Sie bieten Zugang zu personalisierten Lernpfaden und zusätzlichen Ressourcen, um den unterschiedlichen Lernbedürfnissen gerecht zu werden. (Bricken, 1990) Zudem können virtuelle Lernumgebungen eine Vielzahl von multimedialen Inhalten wie Videos, Audioaufnahmen, Grafiken und Animationen enthalten, um die Lerninhalte anschaulicher und ansprechender zu gestalten. (Schwan & Buder, 2006, S. 8)

Gerade im Sinn des Lernzyklus nach Kolb (Abschnitt 2.1.1) sind Feedback und Selbstreflexion als entscheidendes Merkmal anzusehen. Virtuelle Lernumgebungen können sofortiges Feedback bieten, das den Lernenden hilft, ihren Lernfortschritt zu überwachen und sich selbst zu reflektieren. Zeitgleich bieten virtuelle Lernumgebungen die Funktionen des Lernmanagements, die es den Lehrenden ermöglichen, den Fortschritt der Lernenden zu verfolgen und ihre Lernaktivitäten zu überwachen. (Schiefele & Pekrun, 1996)

Virtuelle Lernumgebungen bieten eine Vielzahl von Möglichkeiten, das Lernen zu bereichern und das Verständnis der Lernenden zu fördern.

Die Integration von Technologie in die Bildung erfordert jedoch eine sorgfältige Gestaltung, um sicherzustellen, dass die Lernumgebungen effektiv und sinnvoll genutzt werden und die Bildungsziele erreicht werden. Der Wissenserwerb ist demnach ein Resultat einer gezielten Auseinandersetzung mit den Lerninhalten in einer virtuellen Umgebung.

Jenewein und Schulz erkennen 2006 ein erhebliches Potential in den Lernprozessen innerhalb der virtuellen Realität. (Jenewein & Schulz, 2006) Die Vergleichsanalyse von realen und virtuellen Lernumgebungen kann dabei helfen, die Stärken und Möglichkeiten von VR in der Bildung herauszuarbeiten. Hier sind einige Aspekte, die in einer solchen Gegenüberstellung betrachtet werden sollten:

- Immersion und Authentizität: Virtuelle Realität ermöglicht eine immersive Erfahrung, bei der Lernende in eine virtuelle Umgebung eintauchen und realitätsnahe Erfahrungen machen können. Dies kann besonders nützlich sein, um komplexe oder gefährliche Umgebungen zu simulieren, die in der realen Welt schwer zugänglich oder riskant sind.

- Interaktivität und Engagement: VR erlaubt eine aktive Teilnahme der Lernenden, da sie in der virtuellen Umgebung agieren und interagieren können. Dadurch können das Engagement und die Motivation der Lernenden gesteigert werden.

- Personalisierung und Anpassung: Virtuelle Lernumgebungen können oft auf die individuellen Bedürfnisse und Lernstile der Lernenden zugeschnitten werden. Dies ermöglicht eine personalisierte Lernerfahrung und eine gezielte Unterstützung bei Schwierigkeiten. (Jenewein & Schulz, 2006)

- Kollaboratives Lernen: VR bietet Möglichkeiten für kollaboratives Lernen, bei dem mehrere Lernende in derselben virtuellen Umgebung zusammenarbeiten können, um gemeinsame Lernziele zu erreichen.

- Fehler und Wiederholungen: In VR können Lernende sicher Fehler machen und verschiedene Szenarien wiederholen, ohne reale Konsequenzen zu befürchten. Dies fördert das Experimentieren und das Lernen aus Fehlern.

- Emotionaler Einfluss: VR kann starke emotionale Reaktionen hervorrufen, da die Lernenden die Erfahrung intensiver wahrnehmen. Dies kann dazu beitragen, das Gedächtnis und das Verständnis von Lerninhalten zu verbessern.

- Kosten und Zugänglichkeit: Virtuelle Lernumgebungen können langfristig kosteneffizienter sein, da sie die Notwendigkeit von teuren physischen Materialien und Ortswechseln reduzieren können. Außerdem ermöglichen sie Lernen an verschiedenen Orten und zu verschiedenen Zeiten.

Es ist wichtig, dass bei der Implementierung von VR in der Bildung auch mögliche Herausforderungen berücksichtigt werden, wie beispielsweise technische Anforderungen, Datenschutz und ethische Fragen. Die sorgfältige Gestaltung und Integration von VR in den Lernprozess kann jedoch dazu beitragen, das Lernen effektiver, ansprechender und nachhaltiger zu gestalten.(Jenewein & Hundt, 2009, S. 7/8).

Das Präsenzerleben, auch als Präsenzgefühl oder Immersion bezeichnet, ist ein wichtiger Aspekt bei der Nutzung Virtueller Realität im Lernkontext. Es beschreibt das Gefühl der Eingebundenheit und des Eintauchens in die virtuelle Umgebung, sodass die Lernenden das Gefühl haben, tatsächlich physisch präsent zu sein, obwohl sie sich in einer digitalen Welt befinden. Es ist jedoch wichtig zu beachten, dass das

Präsenzerleben in VR von verschiedenen Faktoren beeinflusst wird, wie der Qualität der VR-Technologie, der Gestaltung der virtuellen Umgebung und der Immersionsfähigkeit der Lernenden. Nicht jeder Mensch reagiert gleich stark auf virtuelle Umgebungen, und einige Lernende könnten mehr von der Präsenz profitieren als andere.

Die Berücksichtigung des Präsenzerlebens bei der Entwicklung von virtuellen Lernumgebungen ist daher entscheidend. Durch eine sorgfältige Gestaltung und Nutzung von VR können Bildungseinrichtungen das Potenzial dieser Technologie ausschöpfen und die Lernerfahrungen ihrer Schülerinnen und Schüler nachhaltig verbessern. Es ist jedoch wichtig, dass virtuelle Lernumgebungen nicht nur auf das Präsenzerleben abzielen, sondern auch andere Aspekte des Lernens berücksichtigen, um eine ganzheitliche und effektive Lernerfahrung zu gewährleisten. (Moreno & Mayer, 2002).

Das Modell nach Steuer betont zwei Hauptfaktoren, die das Präsenzerleben in virtuellen Umgebungen beeinflussen.

Vividness (Lebendigkeit) bezieht sich auf die sensorische Tiefe und Breite des Erlebens in der virtuellen Umgebung. Je lebendiger und realistischer die visuellen, auditiven und möglicherweise auch haptischen (taktilen) Sinneseindrücke in der virtuellen Umgebung sind, desto stärker wird das Präsenzerleben sein. Hochwertige VR-Technologie und realistische Grafiken können dazu beitragen, das Gefühl zu verstärken, tatsächlich in der virtuellen Welt präsent zu sein.

Unter Interaktivität fallen zwei Aspekte: Die Handlungsbreite beschreibt, wie viele Möglichkeiten und Handlungswege den Lernenden in der virtuellen Umgebung zur Verfügung stehen. Eine reichhaltige Interaktion mit verschiedenen Objekten, Szenarien und Situationen fördert das Eintauchen und die aktive Beteiligung. Die Steuerbarkeit und Geschwindigkeit der Interaktion beziehen sich darauf, wie leicht und präzise die Lernenden die virtuelle Umgebung steuern können und wie schnell sie auf ihre Handlungen reagiert. Eine flüssige und intuitive Interaktion trägt ebenfalls zu einem stärkeren Präsenzerleben bei.

Diese beiden Faktoren, Vividness und Interaktivität, sind entscheidend für die Schaffung eines starken Präsenzerlebens in virtuellen Lernumgebungen. Durch die gezielte Gestaltung und Optimierung dieser Faktoren können Bildungseinrichtungen dazu beitragen, dass Lernende eine intensivere und effektivere Lernerfahrung in virtuellen Umgebungen erleben. Das Modell nach Steuer bietet somit einen wichtigen Beitrag zur Erforschung und Entwicklung von Immersionsfaktoren in virtuellen Lernumgebungen. (Steuer, 1992)

Auch muss die physische Präsenz in drei Bestandteile untergliedert werden.

- Presence as Realism (Präsenz als Realismus): Dieser Aspekt bezieht sich auf die Echtheit und Realitätsnähe der virtuellen Umgebung. Je realistischer und authentischer die visuellen und auditiven Eindrücke sind, desto stärker wird das Gefühl der Präsenz sein. Hochwertige Grafiken, realistische Klänge und sorgfältig gestaltete Umgebungen tragen dazu bei, dass sich die Lernenden wie in einer echten, physischen Umgebung fühlen.

- Presence as Transportation (Präsenz als räumliches Bewusstsein): Hier geht es um die Empfindung des räumlichen Bewusstseins in der virtuellen Umgebung. Lernende sollte das Gefühl haben, sich tatsächlich in einem anderen Raum oder an einem anderen Ort zu befinden. Dies kann durch die räumliche Anordnung von Objekten, Perspektiven und Bewegungsmöglichkeiten in der virtuellen Umgebung erreicht werden.

- Presence as Immersion (Präsenz als Eintauchen): Dieser Aspekt bezieht sich auf das psychologische Eintauchen des Nutzers in die virtuelle Umgebung. Es geht darum, dass die Lernenden sich emotional und kognitiv in die virtuelle Welt involviert fühlen. Ein starkes Gefühl der Eintauchung kann durch ansprechende Szenarien, interaktive Aktivitäten und die Möglichkeit, in der virtuellen Umgebung Entscheidungen zu treffen, erreicht werden.

Die Kombination dieser drei Bestandteile trägt dazu bei, ein umfassendes Präsenzerleben in virtuellen Lernumgebungen zu schaffen. Wenn Lernende das Gefühl haben, dass die virtuelle Umgebung realistisch, räumlich überzeugend und emotional fesselnd ist, werden sie sich stärker in den Lernprozess einbringen und von den Vorteilen der Immersion profitieren. Daher ist die gezielte Gestaltung und Optimierung dieser Präsenzfaktoren von entscheidender Bedeutung, um das Potenzial von virtuellen Lernumgebungen voll auszuschöpfen. (Laarni, 2003)

Die Fähigkeit des Einzelnen, sich auf das Erleben in der VR-Umgebung einzulassen und die "willing suspension of disbelief" (frei übersetzt: die willentliche Aussetzung des Unglaubens) zu praktizieren, ist in der Tat ein wichtiger Aspekt, der den Lernerfolg beeinflussen kann.

"Willing suspension of disbelief" ist ein Begriff aus der Literatur- und Theaterwissenschaft und bedeutet, dass die Zuschauer oder Nutzer bewusst ihre kritische Haltung gegenüber dem Gezeigten oder Erlebten aufgeben, um sich vollständig in die fiktive oder künstliche Welt hineinziehen zu lassen. In VR bedeutet dies, dass die Lernenden ihre Bereitschaft zeigen müssen, sich auf die virtuelle Umgebung einzulassen und sie als real oder relevant für das Lernen zu akzeptieren.

Dieser Aspekt kann durch Übung und Erfahrungen mit dem Medium VR entwickelt werden. Je mehr die Lernenden mit VR vertraut sind und

Erfahrungen mit virtuellen Lernumgebungen sammeln, desto besser können sie sich auf das Erleben in der virtuellen Welt einlassen und die künstliche Umgebung als relevant für das Lernen akzeptieren.

Der wiederholte Einsatz von VR im Lernprozess kann den Lernerfolg weiter steigern. Mit zunehmender Vertrautheit und Praxis in der virtuellen Umgebung können die Lernenden sich besser auf das Lernen konzentrieren, produktiver interagieren und dass Potenzial der VR-Technologie voll ausschöpfen. Darüber hinaus kann die Wiederholung in VR auch dazu beitragen, das Gedächtnis zu stärken und das Verständnis von Lerninhalten zu vertiefen. (Heers, 2005, S. 36).

Es ist jedoch wichtig zu beachten, dass die Wirksamkeit von VR im Lernprozess von verschiedenen Faktoren abhängt. Bedeutend sind die Qualität der virtuellen Umgebung, die pädagogische Gestaltung des Lernmaterials und die Unterstützung durch qualifizierte Lehrer oder Trainer. Die Integration von VR in den Lernprozess erfordert eine sorgfältige Planung und Evaluierung, um das bestmögliche Lernerlebnis zu gewährleisten.

Die beschriebenen Forschungsergebnisse zeigen ein vielversprechendes Potenzial von Virtual Reality (VR) im Rahmen des fall- und problembasierten Lernens mit Simulationsszenarien. Die Metaanalyse von 18 Studien, die eine große Effektivität des Lernens in VR zeigte, sowie die 21 vergleichenden Studien, die eine Gleichwertigkeit bis hin zu einer leichten Überlegenheit der VR-Inhalte feststellten, sind wichtige Erkenntnisse, die die positiven Auswirkungen von VR auf den Lernerfolg untermauern.

Damit das bestmögliche Lernerlebnis in VR gewährleistet wird, ist ein weitreichendes didaktisches Konzept von entscheidender Bedeutung. Hier sind einige Aspekte, die bei der Gestaltung von VR-Lernumgebungen berücksichtigt werden können:

- Konkrete Lernziele: Klare und präzise Lernziele sollten formuliert werden, um den Fokus auf das Lernen zu richten und sicherzustellen, dass die VR-Erfahrungen auf die gewünschten Lernergebnisse ausgerichtet sind.

- Interaktive Feedbackschleifen: Echtzeit-Feedback in VR kann den Lernenden dabei helfen, ihre Fortschritte zu überprüfen, Fehler zu erkennen und zu korrigieren sowie ihre Lernstrategien zu verbessern.

- Lernhilfen und Unterstützung: Geeignete Lernhilfen, wie zum Beispiel Tutorials, Hinweise oder Anleitungen, können den Lernenden helfen, sich in der virtuellen Umgebung zurechtzufinden und effektiv mit den Lerninhalten zu interagieren.

- Pädagogische Gestaltung: Die Lernumgebung sollte pädagogisch sorgfältig gestaltet werden, um die Lernenden zu motivieren, Engagement und kritisches Denken zu fördern. Die Integration von kollaborativem Lernen und problembasierten Lernansätzen kann die Effektivität des VR-Unterrichts weiter steigern.

- Technische Stabilität: Die technische Stabilität und Zuverlässigkeit der VR-Umgebung sind entscheidend, um eine reibungslose und immersive Lernerfahrung zu gewährleisten. Technische Probleme können das Lernerlebnis beeinträchtigen und sollten vermieden werden.

- Evaluierung und Weiterentwicklung: Die kontinuierliche Evaluierung der VR-Lernumgebungen ist wichtig, um ihre Effektivität zu überprüfen und Verbesserungen vorzunehmen. Die Rückmeldung der Lernenden sollte berücksichtigt werden, um die VR-Lernumgebung ständig zu optimieren.

Indem diese Aspekte in einem didaktisch durchdachten Konzept berücksichtigt werden, können Bildungseinrichtungen das Potenzial von VR im Unterricht voll ausschöpfen und ein optimales Lernerlebnis für die Lernenden schaffen. VR kann dabei helfen, das Lernen interaktiver, ansprechender und effektiver zu gestalten und somit den Lernerfolg zu steigern. (Cook, Erwin, & Triola, 2010, S. 1589 - 1602).

Neben der Virtuellen Realität (VR) gewinnen Mixed-Reality-Anwendungen (MR) unter Einbeziehung von Augmented Reality (AR) zunehmend an Bedeutung. In diesem Prozess werden 3D-Umgebungen mit zusätzlichen Daten, Informationen oder virtuellen Objekten angereichert, was zu einer sogenannten "Blended Reality" führt. Dabei verschmilzt die virtuelle Welt mit der realen Umgebung, und der Nutzer kann sowohl digitale als auch reale Elemente wahrnehmen und interagieren. Die Kombination von virtueller Realität, erweiterter Realität und der Integration von zusätzlichen Daten und Informationen in die Umgebung schafft ein breites Spektrum an neuen Lernmöglichkeiten. Mixed-Reality-Anwendungen eröffnen spannende Perspektiven für die Bildung und ermöglichen ein immersives und fesselndes Lernerlebnis, das die Lernenden auf eine neue Art und Weise in den Lernprozess einbezieht. Die Weiterentwicklung und Integration dieser Technologien in die Bildung wird zweifellos weitere innovative Lehr- und Lernansätze ermöglichen. (Zinn et al., 2019, S. 21)

Virtuelle Lernumgebungen bieten zwar viele Möglichkeiten und Potenziale für das Lernen, aber sie bergen auch Gefahren, insbesondere in Bezug auf die kognitive Überlastung der Lernenden.

29

Kognitive Überlastung tritt auf, wenn die Lernenden mit einer Fülle von Informationen, Aufgaben oder Reizen konfrontiert werden, die ihre kognitiven Ressourcen übersteigen. Dies kann dazu führen, dass die Lernenden Schwierigkeiten haben, die Informationen zu verarbeiten, zu verstehen und zu behalten. Es kann auch zu Stress und Frustration führen und das Lernen ineffektiv machen. (Schwan & Buder, 2006)

Einige Faktoren, die zur kognitiven Überlastung in virtuellen Lernumgebungen beitragen können, sind:

- Komplexität der virtuellen Umgebung: Wenn die virtuelle Umgebung zu komplex gestaltet ist, können die Lernenden Schwierigkeiten haben, sich zu orientieren und die relevanten Informationen zu identifizieren. (Jenewein & Hundt, 2009, S. 7/8)

- Technische Schwierigkeiten: Technische Probleme oder mangelnde Vertrautheit mit der VR-Technologie können die Lernenden frustrieren und von den eigentlichen Lernzielen ablenken.

- Übermäßige Informationsfülle: Eine Überfülle an Informationen, visuellen Reizen oder Aufgaben kann die Aufmerksamkeit der Lernenden zerstreuen und ihre kognitiven Kapazitäten überlasten.

- Fehlendes Vorwissen: Wenn die Lernenden keine ausreichenden Vorkenntnisse im Umgang mit der neuen Lernumgebung haben, kann dies zu Verwirrung und Überforderung führen.

Um die kognitive Überlastung in virtuellen Lernumgebungen zu minimieren, sind einige Maßnahmen möglich:

- Klare Struktur und Orientierungshilfen: Die virtuelle Umgebung sollte gut strukturiert und leicht verständlich sein, um den Lernenden eine klare Orientierung zu geben.

- Angepasste Lerninhalte: Die Lerninhalte sollten an das Vorwissen und die Fähigkeiten der Lernenden angepasst werden, um eine Überforderung zu vermeiden.

- Schrittweise Einführung: Eine schrittweise Einführung in die virtuelle Umgebung und die VR-Technologie kann den Lernenden helfen, sich allmählich damit vertraut zu machen.

- Feedback und Unterstützung: Regelmäßiges Feedback und Unterstützung durch Lehrer oder Trainer können den Lernenden helfen, ihre Fortschritte zu überprüfen und sich gezielt zu verbessern.

Es ist wichtig, dass Bildungseinrichtungen die Gestaltung von virtuellen Lernumgebungen sorgfältig planen und auf die Bedürfnisse und Fähigkeiten der Lernenden abstimmen, um eine effektive und positive Lernerfahrung zu gewährleisten. Durch eine ausgewogene Gestaltung können die Vorteile von virtuellen Lernumgebungen genutzt werden, ohne dass es zu einer Überlastung der Lernenden kommt. (Niedermeier & Müller-Kreiner, 2019) (Hellriegel & Čubela, 2018).

In der Allgemein- und Hochschulbildung ist es entscheidend, zwischen VR- und AR-Anwendungen zu unterscheiden und sie in verschiedene Bildungskontexte einzubinden. Dabei können verschiedene Gesichtspunkte berücksichtigt werden, um die Unterscheidung und Einordnung vorzunehmen. Zum einen die visuelle Qualität: bei VR-Anwendungen tauchen die Lernenden vollständig in eine virtuelle Umgebung ein, die visuell hochwertig gestaltet sein sollte, um ein immersives Erlebnis zu ermöglichen. Bei AR-Anwendungen hingegen werden virtuelle Elemente in die reale Umgebung eingeblendet, wobei die visuelle Qualität sowohl von der AR-Technologie als auch von der Umgebung, in der sie verwendet wird, beeinflusst wird. Aber auch die didaktische Funktion ist darzustellen, denn VR und AR können unterschiedliche didaktische Funktionen erfüllen. In VR können komplexe oder gefährliche Umgebungen simuliert werden, die in der realen Welt schwer zugänglich sind. Dies ermöglicht praktisches Training oder realistische Szenarien für das Lernen. AR hingegen kann dazu dienen, zusätzliche Informationen oder virtuelle Modelle in den realen Kontext einzublenden, um das Verständnis oder die Interaktion zu verbessern. Hieraus resultierend ergeben sich erweiterte Handlungsmöglichkeiten. In VR können die Lernenden oft in der virtuellen Umgebung agieren und interagieren. Sie können sich frei bewegen, Gegenstände manipulieren und Aktionen ausführen. In AR ist die Handlungsfreiheit möglicherweise eingeschränkter, da die virtuellen Elemente in die reale Umgebung integriert sind. In VR können die Lernenden oft eine vollständige Körperrepräsentation in der virtuellen Umgebung haben, indem sie beispielsweise einen virtuellen Avatar steuern. In AR sind die Repräsentationen des Lernenden möglicherweise weniger umfangreich und können auf einfache Darstellungen beschränkt sein.

Durch eine klare Unterscheidung und Einordnung von VR- und AR-Anwendungen in verschiedene Bildungskontexte können Bildungseinrichtungen besser entscheiden, welche Technologie für bestimmte Lernziele und -inhalte am besten geeignet ist. Sowohl VR als auch AR bieten einzigartige Möglichkeiten und können effektive Instrumente für das Lernen sein, aber ihre jeweiligen Stärken und Schwächen sollten berücksichtigt werden, um das bestmögliche Lernerlebnis zu gewährleisten. (Schwan & Buder, 2006)

Im bildungsspezifischen Kontext, beziehungsweise im Bereich des Lernprozesses sind ebenfalls Risiken zu beachten. Auf Grund der noch fehlenden konzeptionellen didaktischen Konzepte besteht hier die Gefahr des Hypes um die neue Lehr -und Lernmethode und somit der Einsatz der Technik im ungeeigneten Curricularen Rahmen ohne die entsprechende Medienkompetenz der Lehrenden und Lernenden.

Einige der Risiken sind:

- Technologie-Hype: Der Hype um neue Technologien wie VR und AR kann dazu führen, dass sie ohne sorgfältige Überlegungen und Planung in den Bildungsbereich eingeführt werden. Es besteht die Gefahr, dass die Technologie als Selbstzweck betrachtet wird, ohne klare Ziele und Lerninhalte zu berücksichtigen.

- Ungeeigneter Curricularer Rahmen: Wenn VR- und AR-Anwendungen ohne eine klare Integration in den bestehenden Lehrplan oder Curriculum eingeführt werden, können sie den Unterricht oder das Lernen unnötig komplizieren und die pädagogischen Ziele verwässern.

- Mangelnde Medienkompetenz: Sowohl Lehrende als auch Lernende müssen über ausreichende Medienkompetenz verfügen, um VR- und AR-Technologien effektiv zu nutzen. Das Fehlen dieser Kompetenz kann zu Fehlanwendungen führen und dass Potenzial der Technologien nicht ausschöpfen.

- Ablenkungen und Störungen: Wenn VR- und AR-Anwendungen nicht gut in den Lernprozess integriert sind oder nicht angemessen gesteuert werden, können sie die Aufmerksamkeit von den eigentlichen Lernzielen ablenken und den Lernerfolg beeinträchtigen.

Um diese Risiken zu minimieren, ist eine sorgfältige Planung und Integration von VR- und AR-Anwendungen in den Lehrplan erforderlich.

Lehrende sollten sich über die pädagogischen Ziele im Klaren sein, die sie mit der Technologie erreichen möchten, und sicherstellen, dass die Inhalte und Aktivitäten sinnvoll in den Lernprozess eingebunden werden. Gleichzeitig sollten Lehrende und Lernende über die Funktionsweise und Möglichkeiten der Technologien informiert und geschult werden, um sie effektiv nutzen zu können.

Es ist wichtig zu betonen, dass VR und AR kein Ersatz für traditionelle Lehrmethoden sind, sondern als ergänzende Werkzeuge betrachtet werden sollten. Durch eine kluge Integration können VR und AR das Lernen bereichern und die Lernenden auf neue Art und Weise motivieren, wenn sie im richtigen Rahmen und mit der entsprechenden pädagogischen Begleitung eingesetzt werden (Zender, Weise, Heyde, & Söbke, 2018).

2.1.4 Zwischenfazit Lernen

Schlussfolgernd ist festzustellen, dass die Gleichheit der Grundlagen bezüglich der Lerntypen in beiden Sozialformen, sei es im Frontalunterricht oder in der Virtuellen Realität zu beachten ist. Die Lerntypen nach Kolb sind in beiden Formen von Bedeutung und können dabei helfen, den Lernprozess effektiver zu gestalten.

In Bezug auf die Lernform "Virtuelle Realität" ist hervorzuheben, dass das Präsenzerleben ein entscheidender Faktor ist, der das Lernerlebnis beeinflusst. Das Eintauchen in die virtuelle Umgebung kann die Neugier der Lernenden wecken und die Lernmotivation steigern.

Gleichzeitig ist es wichtig, die mögliche kognitive Überforderung durch den Einsatz neuer Lehr- und Lernmethoden zu beachten. Die Technologie und die virtuelle Umgebung sollten so gestaltet sein, dass sie die Lernenden nicht überfordern, sondern unterstützen. Die Lernenden sollten sich nicht ausschließlich mit der Methode beschäftigen, sondern vor allem mit dem Lernthema und den Lerninhalten.

Die Betrachtung der Lerntypen und die Berücksichtigung von Aspekten wie Präsenzerleben und kognitive Belastung sind entscheidend, um das Potenzial von virtuellen Lernumgebungen optimal zu nutzen und ein effektives Lernerlebnis zu schaffen. Dabei spielt auch die Kompetenz der Lehrenden eine wichtige Rolle, um die Virtuelle Realität oder andere innovative Lehrmethoden erfolgreich in den Lernprozess zu integrieren.

Es gilt zu unterstreichen, dass die Bedeutung einer gut durchdachten pädagogischen Planung und Gestaltung von Lehr- und Lernumgebungen, unabhängig davon, ob es sich um den Frontalunterricht oder die Virtuelle Realität handelt, entscheidend ist. Die Auswahl der passenden Methode und die Berücksichtigung der Bedürfnisse der Lernenden sind von großer Bedeutung, um ein nachhaltiges und erfolgreiches Lernerlebnis zu schaffen.

2.2   Sozialformen im Unterricht

In der Einleitung der Arbeit wird der Begriff "Sozialformen" im Unterrichtsgeschehen erwähnt, daher ist es sinnvoll, diesen Begriff an dieser Stelle zu definieren.

Hilbert Meyer bezieht sich in seiner Definition auf die Veröffentlichung von Schulz aus dem Jahr 1965 mit dem Titel "Unterricht - Analyse und Planung". Schulz beschreibt Sozialformen des Unterrichts als Variationen des Verhältnisses zwischen dem Lernen von etwas und dem Lernen mit anderen (Schulz, 1965, S. 32). Diese Aussage verdeutlicht die Interaktion und Beziehung zwischen Lehrenden und Lernenden innerhalb des Unterrichtsgeschehens.

Darauf aufbauend leitet Hilbert Meyer seine eigene Definition von Sozialformen ab: Sozialformen regeln die Beziehungsstruktur des Unterrichts. Sie haben eine äußere, räumlich-personal-differenzierende
Seite und eine innere, die Kommunikations- und Interaktionsstruktur
regelnde Seite (Meyer, 2019, S. 138).

Diese Definition betont, dass Sozialformen die Art und Weise beeinflussen, wie Lehrende und Lernende miteinander interagieren und
kommunizieren. Sie können variieren, je nachdem, wie die räumliche
und personelle Struktur des Unterrichts gestaltet ist und wie die Kommunikation und Interaktion zwischen den Teilnehmenden abläuft.

Sozialformen sind somit ein wichtiger Aspekt des Unterrichtsgeschehens, die die Art und Weise beeinflussen, wie Wissen vermittelt, geteilt
und erworben wird. Die Wahl der geeigneten Sozialformen kann den
Unterricht effektiver und ansprechender gestalten und die Lernerfolge
der Schülerinnen und Schüler verbessern.

2.2.1 Frontalunterricht

Zur Definition von Frontalunterricht nutzt der Autor die Beschreibung von Hilbert Meyer. Er verdeutlicht die Merkmale dieser Sozialform im Unterrichtsgeschehen. Die wesentlichen Punkte der Definition sind:

- Thematische Orientierung: Der Frontalunterricht ist auf ein bestimmtes Thema oder eine bestimmte Thematik ausgerichtet, die den zentralen Inhalt des Unterrichts darstellt.

- Sprachliche Vermittlung: Die Inhalte werden vorwiegend durch mündliche Kommunikation und sprachliche Darstellung durch den Lehrer vermittelt.

- Gemeinsamer Lernverband: Der Lernverband besteht aus allen Schülerinnen und Schülern, die gemeinsam unterrichtet werden.

- Steuerung und Kontrolle durch den Lehrer: Der Lehrer übernimmt die Steuerung und Kontrolle der Arbeits-, Interaktions- und Kommunikationsprozesse im Unterricht. Er ist in dieser Rolle dafür verantwortlich, den Lernprozess zu lenken und zu führen. (Meyer, 2017, S. 182-225)

Diese Definition betont, dass im Frontalunterricht der Lehrer eine zentrale Rolle einnimmt, indem er die Inhalte präsentiert, den Unterrichtsverlauf bestimmt und die Aktivitäten der Lernenden steuert. Es ist wichtig zu beachten, dass Frontalunterricht nicht zwangsläufig als negativ konnotierte Unterrichtsform betrachtet werden sollte. Es gibt Situationen, in denen diese Sozialform effektiv und angemessen sein kann, insbesondere bei der Vermittlung grundlegender Informationen oder dem Aufzeigen komplexer Zusammenhänge.

Jedoch ist es auch wichtig zu erkennen, dass der Frontalunterricht nicht für alle Lernziele und Lerninhalte optimal ist. Es gibt andere Sozialformen, die stärker auf die individuellen Bedürfnisse und die aktive Beteiligung der Lernenden eingehen. Die Wahl der geeigneten Sozialform sollte daher von den pädagogischen Zielen und den Bedürfnissen der Lernenden abhängen. Die Vielfalt der Sozialformen ermöglicht es Lehrenden, ihre Unterrichtsgestaltung flexibel anzupassen und eine abwechslungsreiche und effektive Lernumgebung zu schaffen.

Dennoch ist der Frontalunterricht eine traditionelle und weit verbreitete Methode der Unterrichtsgestaltung, bei der der Lehrer die zentrale Rolle einnimmt und die Inhalte vorwiegend mündlich vermittelt. Obwohl alternative Unterrichtsmethoden in den letzten Jahrzehnten an Bedeutung gewonnen haben, bleibt der Frontalunterricht in vielen Bildungseinrichtungen eine gängige Praxis.

Der Autor beabsichtigt zu untersuchen, warum der Frontalunterricht trotz möglicher Kritikpunkte immer noch als sinnvoll und unverzichtbar angesehen wird. Einige Gründe, die für die Beibehaltung des Frontalunterrichts sprechen könnten, sind zum Beispiel die effiziente Wissensvermittlung: Der Frontalunterricht ermöglicht es, in kurzer Zeit eine große Menge an Informationen zu präsentieren. Bei der Vermittlung grundlegender Fakten oder Wissensinhalten kann diese Unterrichtsform effektiv sein. Zudem ist die Verwendung der Sozialform bei großen Gruppen als gut geeignet beschrieben, da alle gleichzeitig dieselben Informationen erhalten. Denn der Frontalunterricht ermöglicht eine klar strukturierte und geordnete Darstellung der Inhalte. Dies kann den Lernenden helfen, komplexe Zusammenhänge besser zu verstehen. Einige Lehrende bevorzugen den Frontalunterricht, weil sie sich in dieser Rolle als Experten sehen und die Kontrolle über den Unterrichtsprozess behalten möchten. Außerdem ist der Fontalunterricht etab-

lierte Praxis. Er zählt zu den langjährig angewendeten Unterrichtsformen, die sowohl Lehrenden als auch Lernenden gut bekannt ist. Dies
kann dazu führen, dass er weiterhin bevorzugt wird, weil er als vertraut
und bewährt gilt.

Es ist wichtig zu betonen, dass die Entscheidung für den Frontalunterricht nicht bedeuten sollte, dass andere innovative Lehrmethoden und
Sozialformen keine Bedeutung haben. Vielmehr sollte eine vielfältige
und differenzierte Unterrichtsgestaltung angestrebt werden, die verschiedene Methoden und Ansätze miteinander kombiniert, um den unterschiedlichen Bedürfnissen und Lernzielen gerecht zu werden.

Eine kritische Reflexion und regelmäßige Überprüfung von Unterrichtsmethoden sind sinnvoll, um sicherzustellen, dass der Unterricht den
bestmöglichen Lernerfolg ermöglicht. Obwohl der Frontalunterricht
weiterhin sinnvoll sein kann, ist es wichtig, auch andere Unterrichtsformen zu nutzen und die Unterrichtspraxis kontinuierlich weiterzuentwi-
ckeln. (Gudjons, 2011, S. 7).

Die Betonung, dass der Frontalunterricht richtig und wichtig ist, wenn
er in die Gesamtheit der Unterrichtsformen integriert wird und dabei die
Eigentätigkeit, Selbstverantwortung, Selbststeuerung und Kooperation
der Lernenden fördert, zeigt, dass der Frontalunterricht nicht als allei-
nige Unterrichtsmethode betrachtet werden sollte. Stattdessen kann er
als Teil eines vielfältigen Methodenmixes eingesetzt werden, um verschiedene Lernziele zu erreichen und unterschiedliche Aspekte des
Lernens zu unterstützen.

Die Integration des Frontalunterrichts in andere Unterrichtsformen
sollte darauf abzielen, die Lernenden aktiv in den Unterricht einzubeziehen und ihre Selbstständigkeit und Eigenverantwortung zu fördern.
Indem der Lehrer den Frontalunterricht als Impulsgeber nutzt und die

Schülerinnen und Schüler zu eigenen Aktivitäten und Kooperationen anregt, wird das Lernen lebendiger und motivierender gestaltet.

Darüber hinaus betont Gudjons die Bedeutung eines modernen und professionellen Unterrichtsdesigns. Die Integration des Frontalunterrichts sollte eine klare didaktische Funktion haben und angemessen gestaltet sein, um den Lernprozess optimal zu unterstützen.

Das komplexe Zusammenspiel der Interaktionen im Klassenzimmer wird durch verschiedene Faktoren beeinflusst, und ein gutes Klassenmanagement ist von entscheidender Bedeutung. Sich wiederholende Rituale und eine gut etablierte Unterrichtsform wie der Frontalunterricht können dazu beitragen, eine positive Lernatmosphäre zu schaffen und den Schülerinnen und Schülern Orientierung und Sicherheit zu bieten.

Nicht zuletzt wird betont, dass die Wirkung der Lehrerpersönlichkeit nicht zu vernachlässigen ist. Die Art und Weise, wie der Lehrer den Frontalunterricht gestaltet und mit den Lernenden interagiert, kann einen großen Einfluss auf den Lernerfolg haben. Eine positive und motivierende Lehrerpersönlichkeit kann die Schülerinnen und Schüler inspirieren und dazu ermutigen, aktiv am Unterricht teilzunehmen. (Gudjons, 2011, S. 8/9).

Insgesamt zeigt die Betrachtung von Gudjons, dass der Frontalunterricht in einer ausgewogenen und professionell gestalteten Unterrichtsstruktur durchaus sinnvoll sein kann. Es ist wichtig, den Frontalunterricht bewusst und zielgerichtet einzusetzen, um die Stärken dieser Unterrichtsform zu nutzen und gleichzeitig andere innovative Lehrmethoden zu integrieren, um den Lernprozess bestmöglich zu unterstützen.

Die Beschreibung von Gudjons verdeutlicht aber auch die möglichen Probleme und Herausforderungen des Frontalunterrichts. Insbesondere wenn er in einer ritualisierten und eingeschliffenen Weise praktiziert wird. Die genannten Szenarien veranschaulichen, wie ein solcher

Frontalunterricht zu Eintönigkeit und Langeweile führen kann, sowohl bei den Lehrenden als auch bei den Lernenden. Ein solcher Unterrichtsverlauf kann die Motivation und das Interesse der Schülerinnen und Schüler am Lernen beeinträchtigen.

- Fortsetzungsroman: Die Fortsetzung der letzten Stunde kann für manche Schülerinnen und Schüler möglicherweise nicht mehr relevant sein oder sie könnten das Thema bereits vergessen haben. Dies kann dazu führen, dass sie sich nicht mehr aktiv in den Unterricht einbringen.

- Kontrolle der Hausaufgaben: Wenn die Unterrichtsstunde mit einer Kontrolle der Hausaufgaben beginnt, kann dies als routinemäßiger und wenig inspirierender Teil des Unterrichts wahrgenommen werden. Die Schülerinnen und Schüler könnten sich weniger engagieren, wenn sie den Eindruck haben, dass der Unterricht lediglich aus dem Abarbeiten von Aufgaben besteht.

- Faktenschleuder: Wenn der Lehrer im Frontalunterricht nur Fakten und Informationen ohne Kontext präsentiert, könnte dies für die Lernenden schwierig sein, die Informationen zu verarbeiten und zu verstehen. Der Unterricht könnte als monoton und wenig ansprechend empfunden werden.

- Wenig spannende Lehrerdarbietung: Wenn der Lehrer die Inhalte ohne Bezug zur Lebenswelt der Schülerinnen und Schüler präsentiert und keine interessanten und anschaulichen Methoden einsetzt, könnte der Unterricht als langweilig und nicht inspirierend empfunden werden.

Es ist wichtig zu betonen, dass diese Herausforderungen nicht ausschließlich dem Frontalunterricht zugeschrieben werden können. Jede Unterrichtsform, wenn sie zu einseitig und ritualisiert eingesetzt wird, kann dazu führen, dass das Interesse und die Motivation der Lernenden abnehmen.

Daher ist es von großer Bedeutung, dass Lehrende den Frontalunterricht bewusst so gestalten, dass eine abwechslungsreiche und motivierende Unterrichtsatmosphäre geschaffen wird. Die Integration anderer Unterrichtsmethoden und die Berücksichtigung der Bedürfnisse und Interessen der Schülerinnen und Schüler können dazu beitragen, den Frontalunterricht lebendiger und effektiver zu gestalten. Die Nutzung von interaktiven Elementen, Gruppenarbeit, Diskussionen und anderen aktiven Lernmethoden kann den Lernerfolg im Frontalunterricht verbessern und das Interesse der Lernenden am Unterricht erhöhen. (Gudjons, 2011, S. 153 ff.)

Es ist wichtig zu verstehen, dass im Frontalunterricht der Fokus auf der präsentierten Thematik liegt, und dass die Motivation der Lernenden in erster Linie durch die Relevanz und den Nutzen der Inhalte für sie selbst entsteht. Wenn die Schülerinnen und Schüler erkennen, dass die vermittelten Informationen für ihr Verständnis und ihre persönliche Weiterentwicklung bedeutsam sind, werden sie eher motiviert sein, sich mit den Inhalten zu beschäftigen und aktiv am Unterricht teilzunehmen.

Jedoch gilt aber auch, dass die Inszenierung und Gestaltung des Frontalunterrichts Gefahrenpotenziale birgt. Wenn die Lehrperson allein ihre persönliche Nähe zum Thema betont und die Bedürfnisse der Lernenden vernachlässigt, kann dies zu Desinteresse und mangelnder Motivation seitens der Schülerinnen und Schüler führen. Die Lernenden sollten nicht nur passiv als Empfänger von Wissen betrachtet werden, sondern aktiv in den Lernprozess einbezogen werden. Die Lehrperson sollte darauf achten, den Unterricht so zu gestalten, dass sie die Interessen und Bedürfnisse der Lernenden anspricht und sie zur aktiven Teilnahme ermutigt.

Eine gelungene Unterrichtsplanung im Frontalunterricht sollte daher sowohl die inhaltliche Bildungserfahrung berücksichtigen als auch die Motivation der Lernenden durch eine ansprechende und interessante Gestaltung des Unterrichts fördern. Eine ausgewogene Balance zwischen der Präsentation der Inhalte und der Berücksichtigung der Bedürfnisse und Interessen der Schülerinnen und Schüler ist entscheidend, um einen effektiven und motivierenden Frontalunterricht zu gestalten. (Gudjons, 2011, S. 159/160)

2.2.2 Virtuelle Realität

Die Betrachtung der Sozialform "Virtuelle Realität" erfordert eine detaillierte Herangehensweise, da sie eine spezifische Lernumgebung darstellt, die auf immersiven Technologien basiert. Die Wahrnehmung spielt hier eine zentrale Rolle, da die Lernenden in eine künstliche Umgebung eintauchen, die ihnen das Gefühl vermittelt, physisch an einem anderen Ort zu sein. (Rheingold, 1992) Dies kann das Lernerlebnis bereichern und das Verständnis fördern, indem es den Lernenden ermöglicht, komplexe Zusammenhänge auf eine anschauliche und realitätsnahe Weise zu erleben.

Allerdings gibt es auch potenzielle Gefahren, die mit der Nutzung von Virtueller Realität im Unterricht verbunden sind, insbesondere die sogenannte "Motion Sickness" oder Bewegungskrankheit. Motion Sickness tritt auf, wenn es eine Diskrepanz zwischen den visuellen Eindrücken, die der Lernende in der VR-Umgebung wahrnimmt, und den körperlichen Empfindungen gibt, die er tatsächlich erlebt. Dies kann zu Übelkeit, Schwindelgefühl und Unwohlsein führen und die Lernenden von der eigentlichen Lernerfahrung ablenken oder sie sogar negativ beeinflussen.

Es ist daher wichtig, bei der Integration von Virtueller Realität in den Unterricht die Auswirkungen auf die Wahrnehmung und das Wohlbefinden der Lernenden zu berücksichtigen. Lehrende sollten sicherstellen, dass die VR-Umgebung sorgfältig gestaltet ist, um Motion Sickness zu minimieren, z. B. durch geschickte Verwendung von Bewegung, klaren visuellen Indikatoren und realistischen Bewegungsabläufen. Es ist auch ratsam, Pausen einzuplanen und den Lernenden die Möglichkeit zu geben, die VR-Brillen abzunehmen, um ihre Augen zu entlasten und die Eindrücke der Immersion zu reduzieren.

Zusätzlich zu Motion Sickness sollten auch andere potenzielle Gefahren und Herausforderungen im Zusammenhang mit Virtueller Realität betrachtet werden, z. B. Datenschutz- und Sicherheitsaspekte, potenzielle Ablenkungen und die Gefahr einer übermäßigen Abhängigkeit von der Technologie.

Eine sorgfältige Planung und Gestaltung des VR-Unterrichts, die sowohl Vorteile als auch mögliche Risiken berücksichtigt, ist entscheidend, um ein optimales und sicheres Lernerlebnis zu gewährleisten. Die Nutzung von Virtueller Realität kann zweifellos das Lernen bereichern, aber es ist wichtig, verantwortungsbewusst damit umzugehen und die Bedürfnisse und Sicherheit der Lernenden stets im Blick zu behalten.

Die Begriffe Virtuelle Realität (VR), Augmented Reality (AR), Mixed Reality (MR) und Cross Reality (XR) werden oft als technologiebasierte Erfahrungswelten bezeichnet. Sie ermöglichen es den Nutzern, in künstliche Umgebungen einzutauchen und interaktiv mit ihnen zu interagieren. (Zinn et al., 2019, S. 20).

Virtuelle Realität steht im Zentrum dieser Erfahrungswelten und ermöglicht es dem Nutzer, sich in einer komplett digitalen und ortsfremden Umgebung zu bewegen. Durch das Tragen einer VR-Brille und oft auch durch den Einsatz von Hand- oder Körperbewegungen kann der Nutzer in diese künstliche Welt eintauchen und sie als real erleben.

Augmented Reality hingegen fügt digitale Elemente und Informationen in die reale Umgebung des Nutzers ein. Dies bedeutet, dass der Nutzer weiterhin in seiner realen Umgebung bleibt, aber durch AR-Technologie zusätzliche digitale Inhalte sehen kann, die mit der realen Welt interagieren. Mixed Reality und Cross Reality sind Begriffe, die häufig im Zusammenhang mit der Verschmelzung von VR und AR verwendet werden. Sie bezeichnen Umgebungen, in denen sowohl digitale als auch reale Elemente in einer nahtlosen und interaktiven Weise miteinander verschmelzen. In MR-Umgebungen können zum Beispiel virtuelle Objekte in die reale Umgebung des Nutzers projiziert werden und mit der realen Welt interagieren.

In all diesen technologiebasierten Erfahrungswelten steht die Idee im Mittelpunkt, dass der Nutzer in eine andere Welt eintaucht und mit ihr interagiert. Die Erfahrungen können sehr immersiv sein und dem Nutzer das Gefühl geben, tatsächlich in der künstlichen Umgebung präsent zu sein.

Die Analogie zur Realität, auf die Dörner hinweist, bedeutet, dass die virtuellen Umgebungen oft realen Umgebungen ähneln oder diese nachbilden. Dies ermöglicht es den Nutzern, sich leichter in die virtuelle Welt einzufinden und mit ihr zu interagieren, da sie sich bereits mit den Konzepten und Strukturen der realen Welt vertraut fühlen. (Dörner, Broll, Grimm, & Jung, 2019, S. 17).

Insgesamt bieten die technologiebasierten Erfahrungswelten wie VR, AR, MR und XR ein breites Spektrum an Möglichkeiten für verschiedenste Anwendungsgebiete, sei es in der Bildung, im Training, im

Entertainment oder in der Medizin. Die kontinuierliche Weiterentwicklung dieser Technologien verspricht eine immer realistischere und vielfältigere Erfahrung für die Nutzer.

In den technologiebasierten Erfahrungswelten wie VR, AR, MR und XR werden Sinneseindrücke über künstliche und natürliche Schnittstellen vermittelt. Der Nutzer kann durch die künstliche Schnittstelle, in der Regel eine VR-Brille oder ein AR-Headset, in die virtuelle Umgebung eintauchen und mit ihr interagieren. Dabei werden visuelle und oft auch auditive Eindrücke übertragen, um dem Nutzer ein möglichst realistisches und immersives Erlebnis zu bieten.

Die Darstellung erfolgt in der Regel stereoskopisch, was bedeutet, dass das Bild für jedes Auge leicht unterschiedlich ist, um den räumlichen Eindruck zu erzeugen. Dadurch entsteht eine dreidimensionale Darstellung, die dem Nutzer das Gefühl vermittelt, sich in einem räumlichen Szenario zu befinden.

Das zusätzliche auditive Feedback spielt ebenfalls eine wichtige Rolle, um die Erfahrung noch realistischer zu gestalten. Durch Klänge und Geräusche, die mit der virtuellen Umgebung synchronisiert sind, kann der Eindruck entstehen, dass die digitale Welt vollständig von der realen Außenwelt isoliert ist. (Dörner et al., 2019, S. 18).

Die Möglichkeit der Nutzerinteraktion in der virtuellen Umgebung ist ein entscheidender Aspekt, der die Erfahrung noch immersiver macht. Der Nutzer kann in der neu erschaffenen Umgebung navigieren, Objekte manipulieren, mit Charakteren interagieren und verschiedene Aktionen ausführen, die ihm ein hohes Maß an Kontrolle und Einflussnahme ermöglichen.

Insgesamt zielen diese Erfahrungswelten darauf ab, den Nutzern ein beeindruckendes und fesselndes Erlebnis zu bieten, das sie in andere Welten eintauchen lässt und ihnen neue Möglichkeiten der Erfahrung und Interaktion eröffnet. Sie finden Anwendung in verschiedenen Bereichen wie der Unterhaltungsindustrie, der Bildung, dem Training, der Medizin und so weiter. Sie bieten ein enormes Potenzial für die Zukunft der Technologie und des Lernens.

Im Rahmen der Betrachtung virtueller Technologien gibt es verschiedene Varianten, die sich in ihrer Immersionsstufe unterscheiden:

Nicht - immersive Technologie: In dieser Variante werden 2D-Bilder auf einem Monitor dargestellt, die entweder in einer egozentrischen (aus Sicht des Nutzers) oder allozentrischen (aus einer externen Perspektive) Perspektive wahrgenommen werden. Der Nutzer hat keinen räumlichen Eindruck und ist nicht aktiv in die virtuelle Umgebung eingebunden.

Teil - immersive Virtuelle Realität: In dieser Variante werden mittels einer VR-Brille (z. B. Head-Mounted-Display oder Cardboard) räumliche, dreidimensionale Wahrnehmungen über eine künstliche Schnittstelle an den Nutzer visualisiert. Die Nutzer können durch die VR-Brille in die virtuelle Umgebung eintauchen und sie aus verschiedenen Blickwinkeln erkunden. Die Interaktion mit der Umgebung kann durch Controller oder andere Eingabegeräte erfolgen, jedoch sind die Bewegungsfreiheit und das räumliche Erlebnis begrenzt.

Immersive Virtuelle Realität: In dieser aufwändigsten Variante werden mittels Sensoren und Kameras alle Bewegungen der Nutzer erfasst und in Echtzeit in die virtuelle Umgebung übertragen. Dies ermöglicht eine nahtlose und direkte Interaktion mit der virtuellen Welt. Die Nutzer haben ein hohes Maß an Freiheit und Immersion, da ihre Bewegungen und Handlungen unmittelbar in die virtuelle Umgebung übertragen werden. Dadurch entsteht ein sehr realistisches und immersives Erlebnis.

Die immersiven Varianten, also die teil-immersive und immersive Virtuelle Realität, bieten ein intensiveres und fesselnderes Erlebnis, da der Nutzer aktiv in die virtuelle Welt eintauchen kann und eine stärkere Bindung zu der Umgebung und den darin stattfindenden Aktivitäten herstellt. Dies ermöglicht auch eine effektivere Lernerfahrung und Trainingsszenarien, da die Nutzer direkt in die Situation eintauchen und realitätsnahe Erfahrungen machen können. (Zinn et al., 2019, S. 20)

Jedoch sind die immersiven Varianten auch technisch aufwändiger und erfordern hochwertige Hardware und Tracking-Technologien, um die Bewegungen und Handlungen der Nutzer präzise zu erfassen und in die virtuelle Umgebung zu übertragen. Die Wahl der richtigen Variante hängt daher von den spezifischen Anforderungen und Zielen der Anwendung ab.

Wahrnehmung

Die Wahrnehmung ist ein komplexer Prozess, durch den der Mensch Informationen aus seiner Umwelt aufnimmt und verarbeitet. Sie ist eng mit der Erfahrung und dem Präsenzerleben verbunden und spielt eine wichtige Rolle im Kontext des Lernens in der Virtuellen Realität.

Der vereinfachte chronologische Zusammenhang der Wahrnehmung ist wie folgt zu beschreiben:

- Stimulus: Die Wahrnehmung beginnt mit einem Stimulus, der von den Sinnesorganen des Menschen aufgenommen wird. Dies kann visuell (durch das Auge), auditiv (durch das Ohr), taktil (durch die Haut) oder durch andere Sinne erfolgen.

- Aufnahme: Die Sinnesorgane nehmen den Stimulus auf und leiten ihn an das Gehirn weiter.

- Verarbeitung: Im Gehirn erfolgt die Verarbeitung der aufgenommenen Informationen. Die Informationen werden analysiert, interpretiert und mit vorhandenen Erfahrungen und Erinnerungen verknüpft.

- Interpretation und Bewertung: Durch die Verarbeitung entstehen Interpretationen und Bewertungen der Wahrnehmung. Das Gehirn ordnet den Stimulus ein und gibt ihm eine Bedeutung.

- Empfindungen: Die Interpretationen und Bewertungen führen zu individuellen Empfindungen. Diese können positiv, negativ oder neutral sein und sind eng mit den emotionalen Reaktionen des Menschen verbunden.

- Motivation: Durch die Verknüpfung der Stimuli können auch Emotionen und Motivationen ausgelöst werden. Die Wahrnehmung kann das Verhalten und die Handlungen des Menschen beeinflussen und seine Motivation zu bestimmten Aktivitäten steigern oder verringern.

In Bezug auf das Lernen in der Virtuellen Realität ist die Wahrnehmung besonders relevant. Durch die immersive und realistische Darstellung der Inhalte in der VR-Umgebung können die Sinneswahrnehmungen der Nutzer verstärkt und intensiviert werden. Dies kann zu einer erhöhten Aufmerksamkeit, Konzentration und Motivation führen, da die Lernenden direkt in die Lerninhalte eintauchen und sie auf eine fesselnde und realitätsnahe Weise erfahren.

Die VR-Technologie kann somit das Präsenzerleben und die Wahrnehmung der Lernenden beeinflussen und dadurch einen entscheidenden Beitrag zur Motivation und Effektivität des Lernens in der Virtuellen Realität leisten.

Response Set

Als "response set" wird die individuelle Art der Reaktion eines Menschen auf einen bestimmten Stimulus bezeichnet. Sie umfasst eine Vielzahl von Einflussgrößen, die sowohl emotionale, motivationale, soziale als auch kulturelle Faktoren umfassen und die kognitiven Aspekte beeinflussen können. Diese Einflussgrößen spielen eine entscheidende Rolle bei der Verarbeitung und Interpretation von Sinneswahrnehmungen.

Zu den Einflussgrößen im "response set" gehören unter anderem:

- Emotionale Faktoren: Die emotionalen Zustände eines Menschen können seine Wahrnehmung und Interpretation von Stimuli stark beeinflussen. Positive Emotionen können zu einer stärkeren Aufmerksamkeit und einer positiven Bewertung führen, während negative Emotionen das Gegenteil bewirken können.

- Motivationale Faktoren: Die Motivation eines Menschen, bestimmte Ziele zu erreichen oder Bedürfnisse zu befriedigen, kann seine Aufmerksamkeit und Verhaltensbereitschaft beeinflussen.

- Soziale Faktoren: Die sozialen Interaktionen und Beziehungen eines Menschen können seine Wahrnehmung und Interpretation von Stimuli beeinflussen. Soziale Normen und Erwartungen können auf das Verhalten und die Reaktionen einer Person einwirken.

- Kulturelle Faktoren: Die kulturellen Hintergründe und Erfahrungen eines Menschen können seine Wahrnehmung und Interpretation von Stimuli prägen. Verschiedene Kulturen haben

51

unterschiedliche Werte, Überzeugungen und Verhaltensmuster, die sich auf die Wahrnehmung auswirken können.

Zusätzlich spielt auch der Kontext, in dem der Stimulus präsentiert wird, eine wichtige Rolle. Der Kontext kann die Interpretation und Bedeutung des Stimulus beeinflussen und dazu führen, dass die gleiche Wahrnehmung in unterschiedlichen Situationen unterschiedliche Reaktionen hervorruft. (Malim, 1994, S. 61).

Die individuelle Reaktion auf einen Stimulus ist somit ein komplexer Prozess, der von einer Vielzahl von Einflussfaktoren geprägt ist. Die Berücksichtigung dieser Faktoren ist wichtig, um ein umfassendes Verständnis des Präsenzerlebens und der Wahrnehmung in der Virtuellen Realität zu entwickeln und die Lernerfahrungen in dieser Umgebung optimal zu gestalten.

Motion Sickness

Die Motion Sickness oder VR Sickness ist ein bedeutendes Risiko bei der Nutzung von VR-Brillen und anderen Virtual-Reality-Technologien. Auch unter den Begriffen Cybersickness oder Simulator Sickness bekannt, umfasst sie eine Vielzahl von Symptomen, die mit einer visuellen und vestibulären Störung assoziiert sind.

Die körperlichen Symptome der Motion Sickness lassen sich in die folgenden Bereiche unterteilen:

- Übelkeit: Betroffene können Übelkeit und Unwohlsein verspüren, ähnlich wie bei einer Reisekrankheit.

- Okulomotorische Beschwerden: Die visuelle Stimulation in der VR kann zu Beschwerden wie verschwommenes Sehen, Augenschmerzen oder Schwindelgefühl führen.

- Desorientierung: Durch die Diskrepanz zwischen den optischen Reizen, die eine Bewegung suggerieren, und den Meldungen der anderen Sinnesorgane und des motorischen Bewegungsapparats über Stillstand und Ruhe, können sich Nutzer desorientiert fühlen. (Kolasinski, 1995)

Diese Symptomatik entsteht, weil das Gehirn durch die visuellen Reize in der VR-Umgebung eine Bewegung simuliert, während die übrigen Sinnesorgane und der motorische Bewegungsapparat dem Gehirn "Stillstand" melden. Diese Inkongruenz führt zu einer Verwirrung in der neuronalen Datenverarbeitung und verursacht die beschriebenen Symptome.

Die Motion Sickness kann nicht nur unangenehm sein, sondern auch das Lernerlebnis beeinträchtigen. Betroffene neigen dazu, die VR-Anwendung zu reduzieren oder gar abzulehnen, um die unangenehmen Symptome zu vermeiden. Dadurch kann die Lernzeit und die Interaktion mit der Lehrsituation eingeschränkt werden. Zudem wurde nachgewiesen, dass die Präsenzerfahrung in der VR durch die Simulator Sickness beeinträchtigt werden kann. (Kennedy, Lane, Berbaum, & Lilienthal, 1993).

Es ist wichtig, dass sowohl die Nutzer als auch die Lehrkräfte, die VR-Technologie im Unterricht einsetzen, über die Risiken der Motion Sickness informiert sind. Die Lehrkräfte sollten die Lernumgebung so gestalten, dass längere Einsatzzeiten ohne Unterbrechung vermieden werden, um das Auftreten von Symptomen zu minimieren. Kurze Interventionszeiten, die nicht länger als 15-30 Minuten dauern, wurden als weniger anfällig für die Symptomatik identifiziert.

Die Motion Sickness ist somit eine wichtige Herausforderung bei der Nutzung von VR im Bildungsbereich und sollte in der Unterrichtsplanung und bei der Nutzung der Technologie sorgfältig berücksichtigt werden, um ein optimales Lernerlebnis zu gewährleisten.

2.2.3 Zwischenfazit Frontalunterricht versus Virtuelle Realität

Der Vergleich zwischen Frontalunterricht und Virtueller Realität zeigt, dass beide Unterrichtsformen Möglichkeiten der Interaktion zwischen Lehrkraft und Lernenden bieten. Die Virtuelle Realität hat dabei den Vorteil, dass sie die Lernenden in generationengerechter Form ansprechen kann und neue, verbesserte Möglichkeiten der Visualisierung und Immersion bietet. Durch digitale Medien und Technologien wird das Lernen zweifellos verändert, und Lehrkräfte sollten sich dieser Entwicklung öffnen und die Potenziale der Virtuellen Realität für das Lehren und Lernen erkennen.

Die Virtuelle Realität kann Lernende in bisher verschlossene Bereiche mitnehmen und komplexe Themen anschaulich vermitteln. Sie eröffnet neue Perspektiven und ermöglicht ein tiefes Eintauchen in Lerninhalte, was das Verständnis und die Motivation der Lernenden fördern kann.

Allerdings gibt es auch Herausforderungen und Bedenken, die im Zusammenhang mit der Nutzung der Virtuellen Realität im Bildungsbereich beachtet werden müssen. Die Gesundheitsaspekte, insbesondere die Motion Sickness oder VR Sickness, sollten ernst genommen und bei der Unterrichtsplanung berücksichtigt werden, um die Gesundheit der Lernenden zu schützen.

Ein weiterer Aspekt ist die Natürlichkeit der Bewegung der Avatare in der VR-Umgebung. Hier besteht die Herausforderung darin, die Kommunikation und Interaktion innerhalb der virtuellen Welt möglichst realistisch und intuitiv zu gestalten, um eine authentische Lernerfahrung zu ermöglichen.

Ethische Implikationen sind ebenfalls zu beachten, da die Nutzung von VR-Technologie die Selbstbestimmung, Sicherheit, Privatheit und das Selbstverständnis der Lernenden beeinflussen kann. Datenschutz und der verantwortungsvolle Umgang mit persönlichen Daten müssen gewährleistet sein.

Zudem sollten Vorbehalte und kritische Ansichten gegenüber der Nutzung von Virtueller Realität als Lehr- und Lernmedium aktiv angegangen werden. Eine fundierte Auseinandersetzung mit der Technologie, ihren Potenzialen und Grenzen ist notwendig, um die Akzeptanz und den effektiven Einsatz in der Bildung zu fördern.

Insgesamt ist die Virtuelle Realität eine spannende Möglichkeit, das Lernen zu revolutionieren und Lernende auf innovative und ansprechende Weise zu unterstützen. Dabei sollten jedoch die genannten Herausforderungen und Bedenken nicht außer Acht gelassen werden, um ein nachhaltiges und erfolgreiches Lernerlebnis zu gewährleisten. (Niedermeier & Müller-Kreiner, 2019, S. 2-4)

3. Festlegen des Studienformates und Durchführen der Studie

Die Testung und das Studienformat wurde in Zusammenarbeit mit dem Institut für Medizinische Lehre und Ausbildungsforschung der Universität Würzburg erarbeitet. So konnten die Erfahrung und die statistischen Ressourcen gebündelt werden, um ein belastbares Ergebnis der Forschungsaktivität zu erzielen.

3.1 Planung der Tests

In der Ausarbeitung der Testungen galt es zu beachten, dass sowohl das Testformat der Studie von 2020 als auch, basierend auf den Erkenntnissen, dass eine Retentionsphase von 14 Tagen aussagekräftiger ist, eine Erwägung des ursprünglichen Formates nötig ist. Somit ergibt sich eine 4-phasige Wissensabfrage. Diese besteht aus einer Abfrage des Vorwissens mit der Bezeichnung T0 und einer im direkt an die Intervention anschließenden Intermediate (T1) mit zwei Retentionstestungen nach 7 Tagen (T2) und nach 14 Tagen (T3). Die Abfrage des Neuerlernten im Rahmen eines Unterrichtsblockes (4 Wochen) an zwei unterschiedlichen Probandengruppen ist sinnvoll. Dies sollte im Rahmen des curricular geregelten Unterrichtes stattfinden. Das Retentionsfenster nach sieben Tagen wurde bewusst zur Vergleichbarkeit der Studien beibehalten, um die Hypothese, dass die Intervention auch bei theoretischen Inhalten zu einem veränderten Lernen führt, zu verifizieren. Dem Konsortialführer ist bewusst, dass hierdurch eine Wiederholung des Wissens nach 7 Tagen das Ergebnis nach 14 Tagen verfälschen kann. Dieses Risiko musste eingegangen werden, um die Vergleichbarkeit der Studien herzustellen.

Die Interventionen wurden innerhalb einer Präsenzphase der Auszubildenden geplant. Es galt zu vermeiden, dass sich durch die andernfalls entstehende Lücke durch die zwischenzeitliche Praktische Ausbildung, Verfälschungen der Ergebnisse bezüglich des Retentionswissens durch Erfahrungswerte ergeben. Um genaue Ergebnisse auf den Einfluss von Vorwissen zu erwirken, wurden zwei Klassen ausgewählt, welche sich in unterschiedlichen Ausbildungsphasen befinden, beide aber dennoch bereits Erfahrung mit der Lehre mittels VR-Brillen gesammelt haben. Die Testung beider Probandengruppen fand zeitgleich statt, um auch so eine Ergebnisverfälschung auszuschließen. Um diese Rahmenbedingungen zu gewährleisten, wurde der Zeitraum Januar und Februar 2023 gewählt. Durch diesen Umstand kamen als Probanden die Gruppe der ATA/OTA Klasse 21/24 und der ATA/OTA Klasse 22/25 infrage. Die Klasse 21/24 hatte bereits eineinhalb Jahre Lernerfahrung in der Ausbildung, wohingegen die Klasse 22/25 zum Zeitpunkt der Testungen erst über ein halbes Jahr dieser Erfahrung verfügte.

Die Intervention „Frontalunterricht" wurde mit dem Titel „Anatomie und Lage der Schilddrüse" durchgeführt. Das Thema des Unterrichtes mittels der Virtuellen Realität sollte die „Anatomie und Lage des Herzens" sein. Beide Themen sind zur besseren Vergleichbarkeit ähnlich, aber bewusst nicht gleichlautend gewählt. Die abgeprüften Organe sind auf Grund Ihrer vergleichbaren Prüfbarkeit und Relevanz im Rahmen der Ausbildung bestimmt worden. Auf diesem Weg konnten 54 Probanden getestet werden. Diese Stichprobe scheint im Verhältnis zur Populationsgröße von ca. 81.000 Ausbildenden in Gesundheitsberufen (Bundesinstitut für Berufsbildung, 2021) gering. Ebenso konnte nur in der Gruppe der Auszubildende zur ATA und OTA am Uniklinikum Würzburg sichergestellt werden, dass hier die nötige Vorerfahrung mit der Lehrmethode VR vorliegt, was die Stichprobengröße wieder relativiert, ohne die Wichtigkeit der Variablen, der Interventionsart und des Testzeitpunktes zu vernachlässigen.

Um den Einfluss potenzieller Co-Variablen a priori zu überprüfen und ggf. in die Auswertung sowie die deskriptive Aufbereitung zu integrieren, wurde deren Einfluss mittels ANOVA, inklusive Welch-Test auf das Testergebnis untersucht. Bei dichotomer unabhängiger Variablen, zum Beispiel Geschlecht: m versus w wird ein Welch-Test gerechnet, da dieser sich hinsichtlich ungleich großer Stichproben sowie Verletzungen der Varianzhomogenität parametrischen sowie nicht-parametrischen Alternativen überlegen gezeigt hat (Rasch & Guiard, 2004)

(Rasch, Kubinger, & Moder, 2011). Hat die unabhängiger Variable mehr als zwei Ausprägungen, findet die ein- bzw. zweifaktorielle Varianzanalyse (AN(K)OVA) Anwendung (Knief & Forstmeier, 2021). Variable, die hier einen signifikanten Einfluss zeigen, werden in die weitere Auswertung integriert, um ggf. Interaktionseffekte aufzudecken. Das konsekutive Vorgehen zur Aufdeckung signifikanter Co-Variablen dient der Vermeidung einer mehr als drei unabhängiger Variablen inkludierender Faktoren. Da diese statistisch und in der Interpretation problematisch sein können. (Lakens & Caldwell, 2021)

Da große Stichprobenumfänge eher zu signifikanten Ergebnissen führen, werden in den Ergebnissen auch deskriptive Unterschiede berichtet und diskutiert. (Royall, 1986)

3.2 Erstellung der Tests

Die Befragung und Testung des Wissenserwerbes wurden zur Gewährleistung des Datenschutzes pseudonymisiert durchgeführt (Anhang A). Auch im Rahmen der neuerlich durchgeführten Studie wurde die Pseudonymisierung durch den Datenschutzbeauftragten des Universitätsklinikums Würzburg geprüft. Ebenso wurden diese Unterlagen, nämlich die Einwilligungserklärung der Probanden (Anhang C) und eine Kurzbeschreibung des Studienvorhabens, dem Ethikkomitee der Universität Würzburg zur Prüfung und Freigabe vorgelegt.

Zusätzlich zur eigentlichen Testung des Lernoutcomes in den Phasen T0 bis T3 wurden soziodemographische Daten, aber auch die Vorerfahrung und eine Einschätzung im Umgang mit digitalen Medien durch den Einsatz eines Prä-Test Fragebogens (Anhang D) erhoben. Auf diesem Weg konnten sich die Probanden zum Beispiel bezüglich Ihrer Affinität zu digitalen Medien anhand einer 5-stufigen Skala (Stimme überhaupt nicht zu = 1; Stimme voll zu = 5) zur Einordnung der Likert Items

selbst einschätzen. Zusätzlich wurde die ebengenannte Vorgehensweise zur Einschätzung des Erlebten der Probanden direkt nach der
Intervention gewählt. Diese Daten dienten zur Erfassung von Variablen
und Co-Variablen, welche das Lernergebnis beeinflussen könnten.

Die Tests T0 bis T3 wurden immer nach einem gleichlautenden
Schema angelegt, um eine klare Vergleichbarkeit zu erreichen. Die
Studienteilnehmenden sollten die Fragen zu den Unterrichtsinhalten
binnen 20 Minuten beantworten. Das Design des Fragebogens wurde
ohne Hinweise auf die Qualität, beziehungsweise Quantität und die Anzahl der geforderten Punktzahl angelegt. Die Aufgabenstellung lautete:

Bitte beschriften Sie die anatomischen Abbildungen des Herzens / der
Schilddrüse nach Möglichkeit im Fachterminus. Zudem wurde darum
gebeten, die Lage, das Aussehen und die Größe des jeweiligen Or-
gans zu beschreiben.

Im Vorfeld wurde zu den Tests ein Erwartungshorizont (siehe Anhang
F und H) zu den Wissensabfragen erstellt. Es konnten 50 Punkte erreicht werden.

3.3 Planung und Durchführung der Unterrichte

Beiden Sozialformen wurden zur besseren Vergleichbarkeit ein Zeitfenster von 20 Minuten eingeräumt.

In dieser Arbeit wurde der Frontalunterricht vorbereitet und gestaltet,
indem ein Artikulationsschema verwendet wurde. Die Erarbeitung des
Frontalunterrichts wird in der Arbeit nicht weiter behandelt, da sie nicht
Gegenstand der Untersuchung ist. Stattdessen wurden die entwickelten Inhalte aus dem Unterrichtsgespräch an einer Flipchart zusammengefasst, um die Ergebnisse zu sichern und den Lernenden eine visuelle

Unterstützung zu bieten. In Bezug auf die Lerntypen nach Kolb wurden in dieser Unterrichtsform hauptsächlich die Gruppen der "Assimilierer" und "Konvergierer" angesprochen. Diese Lerntypen bevorzugen eine strukturierte und theoretische Herangehensweise, wie sie im Frontalunterricht häufig zu finden ist. Die Gruppen der "Akkomodierer" und "Divergierer" wurden nur peripher tangiert, was bedeutet, dass ihre individuellen Lernpräferenzen möglicherweise nicht vollständig berücksichtigt wurden (Kapitel 2.1.1).

Eine stärkere Berücksichtigung der unterschiedlichen Lerntypen und Lernpräferenzen der Lernenden kann dazu beitragen, den Lernerfolg und das Verständnis der Inhalte zu verbessern. Daher ist es wichtig, bei der Unterrichtsplanung und -gestaltung verschiedene Lehrmethoden und Sozialformen zu berücksichtigen, um möglichst viele Lernende optimal ansprechen und unterstützen zu können.

Die Vorbereitung des Unterrichtes mittels Virtueller Realität war deutlich komplexer. Der Inhalt wurde anlog zum Frontalunterricht erstellt. Die Anforderungen und die Lerninhalte wurden mit dem Anatomischen Institut der Universität Würzburg abgeglichen. Die Ausgewählten 360-Grad-3D-Videos des Herzens und dessen anatomische Strukturen wurden im Rahmen dieser Zusammenarbeit erarbeitet und festgelegt. In diesem Auswahlverfahren konnte auf die Erfahrung der Berufsfachschule für Anästhesie- und Operationstechnische Assistenz des Universitätsklinikums Würzburg zurückgegriffen werden. Durch diese Videos können verschiedene Aspekte des Herzens, wie die einzelnen Kammern, Klappen, Blutgefäße und die Bewegung des Blutes, in einer dynamischen und interaktiven Weise dargestellt werden. In den herausgearbeiteten Sequenzen sind alle Punkte aus dem Lösungshorizont zu erkennen und zu beobachten.

Zur Umsetzung der Sozialform Virtuelle Realität wurde ein Klassensatz von 25 Oculus Go VR Brillen zum Einsatz gebracht. Die Oculus Go

Brillen sind bekannt für ihre einfache Handhabung und verhältnismäßig günstigen Anschaffungskosten, was sie zu einer geeigneten Wahl für den Bildungsbereich macht.

Abbildung 1 Unterricht in der Virtuellen Realität 1 (eigene Aufnahme)

Ein besonderes Merkmal dieser Brillen ist ihre "Stand-alone" Funktionalität, was bedeutet, dass alle notwendigen Komponenten, einschließlich des Computersystems und des Speichermediums, direkt in die Brille integriert sind. Dadurch entfällt die Notwendigkeit externer Geräte oder Kabel, was die Nutzung und den Einsatz in der Unterrichtsumgebung vereinfacht.

Für die Lehrperson wurde eine Oculus Quest Brille zur Verfügung gestellt. Die Oculus Quest ist ebenfalls ein Stand-alone Gerät, bietet jedoch zusätzliche Funktionen wie die Guardian-Funktion, die es der Lehrkraft ermöglicht, sich frei im Klassenraum zu bewegen und die Gruppe der Lernenden zu beobachten. Dies kann den Unterricht interaktiver gestalten und eine engere Verbindung zwischen Lehrkraft und Lernenden schaffen.

Es ist gilt zu betonen, dass der erfolgreiche Einsatz der VR-Brillen im Unterricht nicht nur von der Technologie abhängt, sondern auch von einer gut durchdachten Unterrichtsplanung und -gestaltung. Die Lehrkraft sollte verschiedene Lehrmethoden und Sozialformen nutzen, um die unterschiedlichen Lernpräferenzen der Schülerinnen und Schüler anzusprechen und den Lernerfolg zu maximieren

Die Durchführung des Unterrichts in der Virtuellen Realität weist einige Ähnlichkeiten mit dem Frontalunterricht auf. Es findet weiterhin ein Unterrichtsgespräch statt, wobei sich die Rolle der Lehrkraft darauf beschränkt, die gesehenen Sequenzen zu kommentieren und zu erläutern. Dies ermöglicht es, die Lernenden aktiv in das Geschehen einzubeziehen und verschiedene Lerntypen nach Kolb anzusprechen, siehe Erklärungen in Kapitel 2.1.1.

Es ist wichtig zu erwähnen, dass die Unterrichtsplanung und -gestaltung in der Virtuellen Realität sorgfältig durchgeführt werden sollte, um die Lernziele zu erreichen und sicherzustellen, dass die Lernenden nicht überfordert werden. Die Lehrkraft sollte die Interaktionen innerhalb der virtuellen Umgebung genau beobachten und gegebenenfalls Anpassungen vornehmen, um ein optimales Lernerlebnis zu gewährleisten.

Abbildung 2 Unterricht in der Virtuellen Realität 2 (eigene Aufnahme)

3.4 Immersionsgrad der Studienintervention und Kosten

Die bewusste Entscheidung, auf eine hochgradige Immersion in der Virtuellen Realität zu verzichten und stattdessen die gesamte Klasse in das gleiche Erlebnis einzubeziehen, hat mehrere Vorteile. Es ermöglicht eine bessere Vergleichbarkeit mit dem Frontalunterricht, da alle Lernenden zeitgleich dasselbe Erlebnis haben. Dadurch können die Lehrkraft und die Lernenden gemeinsam über das Gesehene sprechen und diskutieren, was den Unterrichtsgesprächen im Frontalunterricht ähnlich ist.

Die Einbindung der gesamten Klasse schafft auch ein gemeinschaftliches Lernerlebnis, bei dem sich die Lernenden miteinander austauschen und voneinander lernen können. Es fördert die Zusammenarbeit und Interaktion unter den Lernenden und kann zu einer stärkeren Gruppendynamik führen.

Darüber hinaus kann durch die Vermeidung einer hochgradigen Immersion das Risiko einer Überforderung der Lernenden reduziert werden. Bei hoch-immersiven Simulationen besteht die Gefahr, dass einige Lernende mit den neuen Erfahrungen und der Komplexität der virtuellen Umgebung überfordert sind. Indem die Immersion auf einem moderateren Level gehalten wird, können die Lernenden schrittweise an die Virtuelle Realität herangeführt werden, ohne dass sie von den neuen Eindrücken überwältigt werden.

Die bewusste Abwägung zwischen hochgradiger Immersion und der Einbindung der gesamten Klasse zeigt, dass bei der Planung und Gestaltung von VR-gestütztem Unterricht sorgfältige Überlegungen angestellt werden sollten, um ein optimales Lernerlebnis zu gewährleisten und die Bedürfnisse aller Lernenden zu berücksichtigen.(Jenewein & Hundt, 2009, S. 7/8)

Die wirtschaftliche Seite bei der Implementierung von VR-gestütztem Unterricht ist zweifellos ein wichtiger Aspekt. Die Kosten für die Entwicklung und Programmierung von hochwertigen VR-Simulationen können erheblich sein und hängen stark vom gewünschten Immersionsgrad und der Komplexität der virtuellen Umgebung ab. Für einige Bildungseinrichtungen, insbesondere kleinere Schulen oder Ausbildungszentren, kann dies eine erhebliche finanzielle Belastung darstellen. Die Tatsache, dass VR-Simulationen nur für Einzelpersonen oder kleine Gruppen zugänglich sind, kann ebenfalls eine Herausforderung darstellen, da dies den Durchführungsumfang und die Teilnehmeranzahl einschränkt. Dies kann insbesondere bei Klassen oder Kursen mit einer größeren Anzahl von Lernenden problematisch sein. Die Sicherheit der Lernenden während der Nutzung von VR ist ebenfalls ein wichtiger Aspekt. Da die Teilnehmer mit VR-Brillen ausgestattet sind und sich in einer virtuellen Umgebung bewegen, besteht die Gefahr von Unfällen oder Stürzen. Dies erfordert eine angemessene Aufsicht und möglicherweise mehrere Beobachter, um die Sicherheit der Lernenden zu gewährleisten. Die Komplexität der Programmierung von VR-Simulationen kann auch zu Einschränkungen führen, insbesondere wenn es um das schnelle Wechseln zwischen verschiedenen Erlebnissen geht. Die Entwicklung von VR-Inhalten erfordert oft spezielle Fähigkeiten und Expertise, was die Flexibilität und Anpassungsfähigkeit der Lehrkräfte bei der Gestaltung des Unterrichts beeinflussen kann. Ein weiterer Aspekt ist die notwendige Anbindung an leistungsfähige Rechner, um die VR-Simulationen auszuführen. Dies kann die Bewegungsfreiheit der Lernenden einschränken und die Transportabilität des Systems beeinträchtigen.

Insgesamt zeigen diese wirtschaftlichen Überlegungen, dass die Implementierung von VR-gestütztem Unterricht nicht nur technische Herausforderungen mit sich bringt, sondern auch finanzielle und organisatorische Aspekte berücksichtigt werden müssen, um eine erfolgreiche Integration in den Bildungsbereich zu gewährleisten.

Die Entscheidung, 360-Grad-3D-Videos für die VR-Erfahrung zu nutzen, bietet zweifellos einige Vorteile und Möglichkeiten. Die Verwendung von Stand-alone VR-Brillen, die kostengünstiger sind als vollständig immersive Systeme, ermöglicht einer größeren Anzahl von Bildungseinrichtungen den Zugang zu VR-gestütztem Unterricht.

Die geringeren Produktionskosten für 360-Grad-3D-Videos (ca. 1000€) im Vergleich zu komplexen, interaktiven VR-Simulationen (ca. 25000€) machen die Erstanschaffung für den VR-Unterricht erschwinglicher. Die Möglichkeit, den produzierten Film mehrmals im Unterricht einzusetzen und gegebenenfalls für verschiedene Fragestellungen anzupassen, erhöht die Flexibilität und Nutzbarkeit der VR-Inhalte.

Die einfache Bedienung der Stand-alone VR-Brillen und die Möglichkeit, den benötigten Film unkompliziert auf die Brillen zu laden, erleichtern die Betreuung des VR-Erlebnisses durch das Lehrpersonal. Dies kann dazu beitragen, den Fokus des Dozenten auf das Unterrichtsgeschehen und die Interaktion mit den Lernenden zu lenken. Die flexible Einsetzbarkeit der Stand-alone VR-Brillen ist auch ein großer Vorteil, da sie an jedem Ort genutzt werden können, unabhängig vom Stromnetz. Dies ermöglicht es, den VR-Unterricht auch außerhalb des Klassenzimmers oder der Schule durchzuführen, was das Lernerlebnis bereichern kann. Dies kann insbesondere für Schulen und Ausbildungsstätten mit begrenzten Budgets von Vorteil sein.

Es ist jedoch wichtig, die oben erwähnten Risiken der VR-Nutzung zu berücksichtigen, wie z. B. Motion Sickness und die potenzielle Überforderung der Lernenden. Die Länge der VR-Erfahrung sollte daher angemessen gewählt und die Teilnehmer entsprechend betreut werden, um unerwünschte Nebenwirkungen zu minimieren.

Insgesamt bietet die Verwendung von 360-Grad-3D-Videos und Standalone VR-Brillen eine kostengünstige und leicht zugängliche Möglichkeit, VR in den Unterricht zu integrieren und das Lernerlebnis der Schüler zu bereichern.

In der vorgestellten und in der Studie eingesetzten Sozialform handelt es sich um eine teil-immersive Variante. Die Limitierung der Interaktion trägt dazu bei, das Risiko von Motion Sickness und Überforderung zu reduzieren, was insbesondere für Einsteiger und Bildungseinrichtungen mit begrenzten Ressourcen vorteilhaft ist.

Die teilimmersive Variante ermöglicht es den Lernenden, eine gewisse Präsenzerfahrung zu erleben und sich in die virtuelle Umgebung einzufühlen, ohne dass die Simulation zu intensiv wird. Dies kann die Lernenden in das Thema einführen und ihr Interesse wecken, ohne sie dabei zu überfordern. Die einfache Bedienbarkeit und die Möglichkeit, das VR-Erlebnis an verschiedenen Orten durchzuführen, machen diese Sozialform auch in anderen Ausbildungs- und Schulformen einsetzbar.

Es ist wichtig, dass die Lehrkräfte sich bewusst sind, dass diese Sozialform zwar ein bereicherndes Lernerlebnis bietet, aber auch bestimmte Grenzen in Bezug auf die Interaktion und Immersion aufweist. Eine angemessene Planung und Betreuung sind entscheidend, um die bestmögliche Lernerfahrung für die Teilnehmer zu gewährleisten.

4. Material und Methoden

In der Studie zur Messung des Lernergebnisses wurden bestimmte Materialien und Methoden verwendet, um aus Likert Items entsprechende Likert Skalen zur Erfassung der Lernpräferenzen zu entwickeln und zu überprüfen. Dementsprechend wurden Fragebogen entwickelt, um Informationen über beispielsweise Lernpräferenzen der Teilnehmer zu sammeln. Diese Fragebogen enthalten verschiedene Items, die sich auf die Vorlieben und Abneigungen der Teilnehmer bezüglich digitaler Lernumgebungen beziehen.

Eine Likert Skala ist eine Zusammenfassung von Likert Items, die verwendet wird, um die Meinungen, Einstellungen oder Wahrnehmungen von Personen zu messen. Sie besteht aus mehreren Likert Items, und die Teilnehmer wählen eine Antwort aus einer begrenzten Anzahl von Antwortoptionen, z. B. "Stimme zu", "Neutral" oder "Stimme nicht zu". Die Antwortoptionen einer Likert Skala werden oft als ordinal betrachtet, da sie eine Ordnung aufweisen (z. B. von "Stimme nicht zu" bis "Stimme zu"). Ordinale Daten haben jedoch keine festen Intervalle zwischen den Kategorien und keinen bekannten Nullpunkt. Das Skalenniveau einer Variablen bestimmt, welche statistischen Analysen angemessen sind. Ordinale Daten erlauben nur begrenzte statistische Operationen. Die Verwendung von Mittelwerten oder anderen rechenbaren Maßen ist in diesem Fall nicht angemessen. Unabhängig davon, ob die Antwortoptionen der Likert Skala als ordinal oder nominal betrachtet werden, ist die Vorgehensweise, die Gesamtpunktzahl oder der daraus resultierende Mittelwert der Teilnehmer für jede Frage oder Aussage zu berechnen. Diese aggregierten Werte werden dann oft als Metriken verwendet, um Aussagen über die Teilnehmerpopulation zu machen. Die Gesamtpunktzahlen, die durch die Zusammenfassung der Likert Items berechnet werden, können somit als Intervalldaten betrachtet werden, wenn bestimmte Annahmen erfüllt sind. Insbesondere sollten die Antwortkategorien gleichmäßig auf der Skala verteilt sein, und die Distanzen zwischen den Kategorien sollten ähnlich sein. In diesem Fall können mathematische Operationen wie Mittelwerte oder Standardabweichungen angewendet werden. Es ist wichtig, die spezifischen Charakteristika der Daten und die statistischen Annahmen zu berücksichtigen, bevor entschieden wird, welche Analysemethoden angemessen sind. (Brown, 2011, S. 12)

Zur Messung der digitalen Affinität und anderer relevanten Variablen wurden standardisierte Messinstrumente wie Likert Items und die daraus resultierenden Skalen verwendet.

4.1　Begründung der Variablen

In der Forschung und Statistik werden latente Variable verwendet, um nicht direkt beobachtbare Konstrukte zu beschreiben und zu analysieren. Latente Variable sind nicht direkt messbar, sondern werden durch mehrere manifeste Variablen (auch als Indikatoren bezeichnet) dargestellt. Diese Indikatoren sind messbare, beobachtbare Merkmale, die von der latenten Variablen beeinflusst werden.

Die latente Variable repräsentiert ein zugrundeliegendes Konstrukt, das nicht direkt beobachtet werden kann, aber durch die Indikatoren indirekt gemessen wird. Latente Variable können mehrere Indikatoren haben, die verschiedene Aspekte oder Dimensionen des Konstrukts abbilden. Durch die Kombination der Informationen aus den verschiedenen Indikatoren wird versucht, das zugrundeliegende Konstrukt zu erfassen und zu verstehen.

Es gibt zwei Arten von latenten Variablen: exogene latente Variable und endogene latente Variable. Exogene latente Variable beeinflussen andere latente oder manifeste Variable, ohne selbst von anderen Variablen beeinflusst zu werden. Sie dienen als unabhängige Variable in einem Modell. Endogene latente Variable hingegen werden von anderen latenten oder manifesten Variablen beeinflusst und dienen als abhängige Variable in einem Modell.

Die Verwendung latenter Variablen ermöglicht es Forschern, komplexe Zusammenhänge und Beziehungen zwischen verschiedenen Variablen zu untersuchen, auch wenn einige der Konstrukte nicht direkt messbar sind. Statistische Verfahren wie die Strukturgleichungsmodellierung werden häufig eingesetzt, um latente Variablenmodelle zu entwickeln und zu analysieren. Dadurch können Forscher verborgene Strukturen und Muster in den Daten aufdecken und komplexe Beziehungen zwischen Variablen untersuchen.

Sozialformen

Als Hauptfaktor bezüglich der Beeinflussung des Outcome Parameter Lernerfolg sind klar die unterschiedlichen Sozialformen (Frontalunterricht; Virtuelle Realität) herauszustellen. Neben dem Fragenbogen welcher sich mit dem subjektiven Gefühl der Probanden nach der jeweiligen Unterrichtseinheit beschäftigt, wird zusätzlich ein standardisierter Fragebogen zur Wissensabfrage zu den Messzeitpunkten T0 (vor der Intervention), T1(im direkten Anschluss an die Intervention) und T2 (14 Tage nach der Intervention) den Probanden zur Verfügung gestellt. Mittels der Wissensabfrage lassen sich deskriptiv statistisch über die erreichten Punkte im Test die Veränderung des Wissens abbilden. Als weiter manifeste Variable werden hierbei die Punkte Interesse am Unterrichtsinhalt, das Vorwissen zum Unterrichtsinhalt, die Vorbildung und die Vorerfahrung mit der Sozialform Virtuelle Realität Beachtung geschenkt. Der tatsächliche Unterrichtsinhalt ist frei aus dem Bereich der Theoretischen Inhalte des Curriculums der Schule für Anästhesie-

und Operationstechnische Assistenz gewählt und dient nur der Veranschaulichung im Modellversuch.

Gewöhnung an die Unterrichtsform

Nachdem die Sozialform Virtuelle Realität nun fester Bestandteil des Unterrichtsgeschehens ist, muss die Variable der Gewöhnung an diese Unterrichtsform berücksichtigt werden. Die Gewöhnung an die Nutzung von digitalen Medien und die Erfahrung mit der Sozialform Virtuelle Realität können wichtige Faktoren sein, die das Lernerlebnis und die Lernergebnisse beeinflussen.

Lernende, die bereits Erfahrung mit digitalen Medien und VR haben, könnten möglicherweise schneller und effektiver in der virtuellen Umgebung navigieren und interagieren. Sie könnten sich weniger durch die Technologie ablenken lassen und sich stärker auf den Lerninhalt konzentrieren. Auf der anderen Seite könnten Lernende, die wenig oder keine Erfahrung mit digitalen Medien und VR haben, möglicherweise mehr Zeit benötigen, um sich an die neue Unterrichtsform zu gewöhnen und die Technologie zu verstehen. Es ist daher wichtig, die Vorerfahrung der Lernenden mit digitalen Medien und VR zu berücksichtigen und gegebenenfalls entsprechende Unterstützung anzubieten, um sicherzustellen, dass alle Lernenden das bestmögliche Lernerlebnis haben.

Darüber hinaus kann auch der Zeitpunkt der Intervention in Bezug auf den Ausbildungsstand der Lernenden eine Rolle spielen. Je nachdem, in welchem Stadium der Ausbildung die Lernenden sich befinden, könnten ihre Vorkenntnisse und Fähigkeiten variieren. Es ist daher wichtig, die Unterrichtsinhalte und die VR-Erfahrungen entsprechend anzupassen, um den individuellen Bedürfnissen und Lernständen der Schüler gerecht zu werden.

Durch die Berücksichtigung dieser manifesten Variablen, wie Vorerfahrung mit digitalen Medien und VR, sowie der Ausbildungsstände der Lernenden, kann der Unterricht in virtuellen Umgebungen weiter optimiert werden, um das bestmögliche Lernerlebnis und Lernergebnis zu gewährleisten.

Digitale Kompetenz

Mittels der Soziodemographischen Fragestellung wie zum Beispiel nach dem Alter, beziehungsweise Geschlecht aber auch durch den Fragebogen zur Selbsteinschätzung bezüglich der Nutzung von digitalen Medien respektive der Affinität wird versucht, ein Bild zur digitalen Kompetenz der Probanden zu zeichnen und dies in die Auswertung als latente Variable einfließen zu lassen

Vorerfahrung Lernen:

Lernen als Variable wird durch die Items Lernstil und Lerntyp abgebildet, allerdings ist auch eine Beeinflussung durch die Vorerfahrung mit den digitalen Medien oder die Affinität zum Unterrichtsthema möglich.

Motivation

Die Endogene latente Variable Motivation wird durch die zuvor beschriebenen Variablen beeinflusst, ohne direkt in Verbindung mit den Indikatoren zustehen. Aus diesem Grund wird dieser wichtige Einflussfaktor auch als Co-Variable in die Studie einbezogen

4.2   Umsetzung innerhalb der Studie

In der Gesamtbetrachtung fällt auf, dass sich die Messmodelle deutlich untereinander beeinflussen. Aus diesem Grund ist es nötig, dass die Ergebnisse aus der deskriptivstatistischen Auswertung mittels einer zweifaktoriellen ANOVA (englisch analysis of variance) Auswertung, interferenzstatistisch auf Ihre Signifikanz überprüft werden.

Es wurden soziostrukturelle Variablen wie Alter, Geschlecht, Ausbildungsjahr, höchster Schulabschluss sowie die medizinische Vorbildung betrachtet.

Die Erfahrungen mit der Virtuellen Realität wird über drei Fragen des Bogens erfasst, so dass sich ein Summenscore mit einem Range von 0-3, bestehend aus VR_Kontakt, VR_Spiel und VR_Film ergibt.

Motivation bzw. Einstellung zur Unterrichtsmethode wird durch die Items „Fragebogen Post Test Frontal Unterricht (Frontal und Virtuell)" und „Die Unterrichtsmethode erleichtert es mir, das Vermittelte zu verstehen" operationalisiert

Um auch die digitale Kompetenz abzubilden, wurden 10 abhängige Variable genutzt und zusammengefasst. Um diese Variablen zu erhalten, wurden Aussagen zu

- Ich bin ein technikbegeisterter Mensch,

- Umgang mit unbekannten digitalen Medien fällt mir leicht,

- Ich lese gerne digital (E-Books, Texte im Display),

- Soziale Netzwerke (z.B. Facebook, Instagram, TikTok und Snapchat) spielen für mich eine wichtige Rolle,

- Ich schaue gerne Filme an,

- Ich verwende Computer/Tablets/Smartphones in vielen Bereichen meines Alltags,

- Ich sehe mir lieber Videos an, als Texte zu lesen,

- Ich kann mir Inhalte von Videos leichter merken als von geschriebenen Texten,

- Ich komme in der „Virtuellen Realität" gut klar,

- Der Umgang mit unbekannten digitalen Medien fällt mir leicht

erbeten.

Auch die Lernpräferenz wird im Rahmen der Studie als Einflussfaktor identifiziert. Zu diesem Zweck wurden die Items Lerngruppen, Aufschreiben, Tempo, Zuhören, visuelle Eindrücke und Bilder in einer Skalierung zusammengefasst, um eine gemeinsame Aussage zu erwirken.

Um den Einfluss der Co Variablen zu untersuchen, wird für die soziostrukturellen Parameter einen Summenscore aus den Daten nach der Intervention gebildet. Dieser Summenscore fasst die Ausprägungen der verschiedenen soziostrukturellen Variablen zusammen und ergibt einen Gesamtwert, der die soziale Struktur oder den Hintergrund der Teilnehmer repräsentiert. Für Variable, die sich im Laufe der Intervention verändern können, wird eine Varianzanalyse mit Messwiederholung durchgeführt. Die Messwiederholung bezieht sich darauf, dass dieselben Teilnehmer zu verschiedenen Zeitpunkten (vor und nach der Intervention) gemessen werden, um Veränderungen über die Zeit zu erfassen. Die Varianzanalyse mit Messwiederholung ermöglicht es, den Einfluss der Intervention auf die Veränderung der Variablen zu untersuchen und dabei andere Faktoren, wie die soziostrukturellen Parameter, zu kontrollieren. Durch diese Analyse kann festgestellt werden, ob die Veränderungen in den Variablen auf die Intervention zurückzuführen sind oder ob sie durch andere Faktoren beeinflusst werden. Es ist wichtig, dass bei der Durchführung der Varianzanalyse mit Messwiederholung auch potenzielle Störfaktoren und Konfundierungsvariable berücksichtigt werden, um die Validität der Ergebnisse sicherzustellen und die spezifischen Effekte der Intervention besser zu verstehen. Die Bildung der Skalen basiert auf einer Validierungsstudie zur Messung von Lernpräferenzen in digitalen Umgebungen. Die Autoren führten eine Untersuchung durch, um festzustellen, wie sich die digitale Affinität der Teilnehmer auf ihre Leistung in einem Test auswirkt, je nachdem, ob sie in einer digitalen oder traditionellen (frontalen) Lernbedingung waren. Ein Interaktionseffekt tritt auf, wenn sich die Beziehung zwischen zwei Variablen in Abhängigkeit von einer dritten Variablen verändert. In diesem Fall untersuchten die Autoren, wie sich die digitale Affinität der Teilnehmer auf ihre Leistung in einem Test auswirkte und ob diese Beziehung davon abhängig war, ob die Teilnehmer in einer digitalen Lernbedingung oder einer traditionellen (frontalen) Lernbedingung waren. Die Ergebnisse der Validierungsstudie zeigten, dass die digitale Affinität der Teilnehmer einen signifikanten Einfluss auf ihre Leistung in einem Test hatte, aber dieser Einfluss wurde durch die Art der Lernbedingung moduliert. Das bedeutet, dass die Beziehung zwischen digitaler Affinität und Testleistung je nach Lernumgebung unterschiedlich war. Es gab möglicherweise Unterschiede in der Leistung zwischen den Teilnehmern mit hoher digitaler Affinität, die sich in einer digitalen Lernumgebung befanden, im Vergleich zu denen, die sich in einer traditionellen Lernumgebung befanden. Die Bildung der Skalen erfolgte durch die Zusammenstellung von Items, die die digitale Affinität der Teilnehmer in verschiedenen Kontexten und Situationen messen. Anhand dieser Items wurde dann ein valides und reliables Maß für die digitale Affinität entwickelt, welches in der Validierungsstudie auf seine Zusammenhänge mit der Testleistung und den verschiedenen Lernbedingungen untersucht wurde. Die entstandenen Skalen können nun dazu verwendet werden, die digitale Affinität der

Teilnehmer in anderen Studien oder Unterrichtssituationen zu messen und mögliche Interaktionseffekte mit anderen Variablen zu erforschen. (Backhaus, Huth, Entwistle, Homayounfar, & Koenig, 2019)

Für die Skalen Statistiken wird der Cronbachs Alpha Wert sowie Trennschärfe und „Cronbachs alpha when delete" verwendet. Es wurde der Möltner „cut off" mit den Werten in der Trennschärfe von 0.3 und bei Cronbachs Alpha von 0.7 zu Grunde gelegt. (Möltner, Schellberg, & Jünger, 2006)

Ferner wurde die Bonferroni-Korrektur als eine statistische Methode der Fehlerkorrektur angewandt. Diese war nötig, um aussagekräftige Ergebnisse zu erzielen trotz der kleinen Stichprobengröße (Abschnitt 3). Die Bonferroni-Korrektur besteht darin, das Signifikanzniveau (α) jedes einzelnen Tests zu teilen, indem die Anzahl der durchgeführten Tests (k) berücksichtigt wird. Die korrigierte Signifikanzschwelle wird dann als α/k festgelegt. Auf diese Weise wird das Risiko von Typ-I-Fehlern (falsch positiven Ergebnissen) reduziert, da es weniger wahrscheinlich ist, dass ein zufälliger Fehler als signifikantes Ergebnis interpretiert wird. Die Bonferroni-Korrektur gilt als konservative Methode, da sie das Risiko von Typ-I-Fehlern wirksam reduziert, aber gleichzeitig die Wahrscheinlichkeit von Typ-II-Fehlern (falsch negativen Ergebnissen) erhöht. (Strang, 2009)

4.3   Betrachtung der Probandengruppen

Die Auswahl der Probanden erfolgte aufgrund der kalendarischen Parallelität der Unterrichtsblöcke, um die Vergleichbarkeit der Gruppen zu gewährleisten und potenzielle Störfaktoren zu minimieren.

Die Teilnahme der Probanden war freiwillig, sie konnten sich frei entscheiden, ob sie an der Studie teilnehmen wollten oder nicht. Es gab keine Verpflichtung zur Teilnahme, und die Probanden hatten das Recht, jederzeit während des Studienverlaufs aus der Studie auszusteigen, ohne dass dies negative Konsequenzen für sie hatte.

Diese Vorgehensweise ist wichtig, um ethische Standards in der Forschung einzuhalten und die Autonomie und das Wohlergehen der Probanden zu respektieren. Die Freiwilligkeit und die Möglichkeit, die Teilnahme jederzeit abzubrechen gewährleisten, dass die Probanden informierte Zustimmung gegeben haben und nicht gegen ihren Willen an der Studie teilnehmen müssen. Es stellt sicher, dass die Teilnehmer ihre Rechte wahrnehmen und ihre Teilnahme beenden können, wenn sie sich unwohl fühlen oder Bedenken haben.

Die Datenerhebung zu Beginn der Studie erfolgte in drei Themenkomplexen. Im allgemeinen Teil wurden die persönlichen Eckdaten der Probanden erfasst, einschließlich Alter, Geschlecht und Ausbildungsstand sowohl der allgemeinen als auch der beruflichen Vorbildung. Zudem wurde erfragt, ob die Probanden bereits Kontakt zur Virtuellen Realität hatten. Die Fragen in diesem Teil der Datenerhebung waren zum Teil offen formuliert, was den Probanden ermöglichte, ausführlichere Antworten zu geben, und teilweise mit ja/nein Antwortoptionen versehen, um klare und eindeutige Informationen zu erhalten. (Anhang D)

Die Auswertung der erhobenen Daten erfolgte in tabellarischer Form, wobei die Probandengruppen gesondert betrachtet wurden, um mögliche Unterschiede zwischen den Gruppen zu erkennen. Zudem wurden die Daten aller Probanden zusammengeführt, um eine Gesamtbetrachtung der Teilnehmer zu ermöglichen.

Die Erfassung soziodemographischer Daten zu Beginn der Studie war wichtig, um die Probanden zu charakterisieren und mögliche Einflussfaktoren auf die Studienergebnisse zu identifizieren. Durch die detaillierte Betrachtung der Daten können Zusammenhänge zwischen den soziodemographischen Merkmalen der Probanden und ihren Reaktionen auf die Virtuelle Realität aufgedeckt werden. Dies ermöglicht eine fundierte Analyse der Studienergebnisse und trägt dazu bei, mögliche Störfaktoren zu berücksichtigen und die Aussagekraft der Studie zu erhöhen.

Tabelle 1 Soziodemographische Daten: allgemein (eigene Darstellung)

Fragestellung	Gruppe 1	Gruppe 2	Gesamt
Anzahl der Probanden	22	32	54
1.2 Sie sind: (Geschlecht)	20 x weiblich; 2x männlich	26 x weiblich; 6x männlich	46 x weiblich; 8 x männlich
1.3 Ausbildungsjahr	22 x 1. Ausbildungsjahr	32 x 2. Ausbildungsjahr	22 x 1. Ausbildungsjahr; 32 x 2. Ausbildungsjahr
1.4 Medizinische Vorbildung	5 x ja, 17 x nein	15 x ja; 17 x nein	20 x ja; 34 x nein
Welche	2 x MFA; 3 x ZFA;	6 x MFA; 4 X ZFA; 1 x Rettungsassistent 1 x Rettungssanitäter 1 x FSJ im KH 1 x BFD Rettung 1 x Med. Studium o. Abschluss	8 x MFA; 7 x ZFA; 1 x Rettungsassistent 1 x Rettungssanitäter 1 x FSJ im KH 1 x BFD Rettung 1 x Med. Studium o. Abschluss
1.5 Höchster erreichter Schulabschluss	6 x Abitur/FOS; 16 x Mittlere Reife	13 x Abitur/FOS; 19 x Mittlere Reife	19 x Abitur/FOS; 35 x Mittlere Reife
1.6 Alter (Durchschnitt)	19,55	22,53	21,31

1.7 OP-Einsatz in der Viszeralchirurgie bereits erfolgt	5 x ja 17 x nein	16 x ja, 16 x nein	21 x ja; 33 x nein
1.8 Ich hatte bereits Kontakt zur Virtuellen Realität	22 x ja	32 x ja	54 x ja
1.9 Ich habe bereits in der Virtuellen Realität gespielt	6 x ja; 16 x nein	6 x ja; 26 x nein	12 x ja; 42 x nein
1.10 Ich habe bereits Filme in der Virtuellen Realität gesehen	22 x ja	32 x ja	54 x ja

Die Auswertung der Tabelle 1 zeigt, dass die Probandengruppe insgesamt aus 54 Teilnehmern besteht und sowohl in der Altersstruktur als auch in der beruflichen Vorerfahrung sehr homogen ist. Dies bedeutet, dass die Probanden in Bezug auf Alter und berufliche Erfahrung ähnliche Merkmale aufweisen und somit vergleichbare Voraussetzungen mitbringen. Ein wichtiger Aspekt, der sich aus der Tabelle ergibt, ist die Tatsache, dass Gruppe 1 aus 22 Probanden im ersten Ausbildungsjahr besteht, während Gruppe 2 mit 32 Probanden im zweiten Ausbildungsjahr ist. Dies könnte möglicherweise Auswirkungen auf die Auswertung der Lernergebnisse haben, da die Probanden in unterschiedlichen Stadien ihrer Ausbildung sind und somit möglicherweise unterschiedliche Lernstände und Fähigkeiten aufweisen. Ein weiteres wichtiges Ergebnis ist, dass die Altersstruktur der gesamten Probandengruppe darauf hindeutet, dass sie zur Generation der "Digital Natives" gehören.

"Digital Natives" ist ein Begriff, der verwendet wird, um die Generation zu beschreiben, die in einer Zeit aufgewachsen ist, in der digitale Technologien allgegenwärtig sind. Es bezieht sich auf junge Menschen, die mit diesen Technologien aufgewachsen sind und sie von klein auf in ihre Lebensweise und Kommunikation integriert haben. Der Begriff "Digital Natives" verdeutlicht, dass diese Generation von Technologie und digitalen Medien geprägt ist. Sie nutzen Mobiltelefone, Computer, das Internet, die sozialen Medien und andere digitale Technologien intuitiv und selbstverständlich in ihrem täglichen Leben. Diese Technologien haben ihren Kommunikationsstil beeinflusst und die Art, wie sie Informationen suchen, teilen und konsumieren verändert. Die Möglichkeit, schnell und einfach mit anderen zu kommunizieren und Informationen auszutauschen, hat ihr soziales Leben stark geprägt und ermöglicht es ihnen, leicht mit Freunden und Gleichaltrigen in Kontakt zu bleiben, auch über große Entfernungen hinweg.

Die Bezeichnung "Digital Natives" zeigt, wie diese Generation von den Entwicklungen in der digitalen Welt geprägt ist und wie sie diese Technologien in ihre Lebensweise und Interaktionen integriert haben. Dies hat auch Auswirkungen auf ihre Art der Informationsverarbeitung, ihre Selbstinszenierung und ihr soziales Leben. (Appel, 2013, S. 6)

Diese Erkenntnisse sind relevant für die Interpretation der Studienergebnisse. Sie zeigen, dass die Probandengruppe insgesamt gut geeignet ist, um den Einfluss der Virtuellen Realität auf das Lernverhalten und die Lernerfahrungen zu untersuchen, insbesondere im Hinblick auf ihre digitale Affinität und Erfahrung. Die homogene Altersstruktur und berufliche Vorerfahrung ermöglichen zudem eine bessere Vergleichbarkeit der Ergebnisse und eine genauere Analyse möglicher Zusammenhänge zwischen den Variablen.

Eine entscheidende Feststellung hinsichtlich der 2. Hypothese des Autors ist, dass alle Teilnehmer zuvor bereits Kontakt zur Virtuellen Realität hatten. Die Erfahrung mit VR kann dazu führen, dass die Teilnehmer bereits mit den Technologien und der VR-Umgebung vertraut sind, was ihre Reaktionen und Interaktionen in der VR-Umgebung beeinflussen kann. Teilnehmer, die bereits Erfahrung mit VR haben, könnten sich möglicherweise schneller in der virtuellen Umgebung zurechtfinden und sich darin wohler fühlen. Dies könnte zu einer geringeren

Wahrscheinlichkeit von VR-Sickness führen und möglicherweise die Lernergebnisse positiv beeinflussen. Auf der anderen Seite gilt es zu beachten, dass Teilnehmer, die bereits VR-Erfahrung haben, möglicherweise bereits gewisse Erwartungen und Vorstellungen von der Nutzung von VR haben, was ihre Reaktionen auf den Unterricht in VR beeinflussen könnte. Es ist möglich, dass sie bereits bestimmte Vorlieben oder Abneigungen gegenüber der Nutzung von VR haben, die sich auf ihre Wahrnehmung und ihr Verhalten auswirken können.

Es ist daher wichtig, die VR-Erfahrung der Teilnehmer als potenzielle Kovariate in der Analyse zu berücksichtigen, um sicherzustellen, dass mögliche Unterschiede in den Ergebnissen nicht allein auf die VR-Erfahrung zurückzuführen sind. Durch die Kontrolle und Berücksichtigung dieser Kovariate können die Forscher besser verstehen, wie sich die VR-Erfahrung auf die Lernergebnisse und die Reaktionen der Teilnehmer auswirkt und die Ergebnisse der Studie genauer interpretieren.

5. Auswertung und Diskussion der Studie

Die deskriptivstatistische Auswertung zielt darauf ab, die Daten zu beschreiben und Zusammenfassungen über die gemessenen Variablen zu liefern. In diesem Fall sollen die Fragen nach dem Lernergebnis und der Motivation analysiert werden, um ein besseres Verständnis der Verteilung und Tendenzen der Antworten zu erhalten.

Für die Fragen zum Lernergebnis kann beispielsweise der Durchschnittswert der erreichten Punkte oder der Prozentsatz der richtigen Antworten berechnet werden. Dies gibt Aufschluss darüber, wie gut die Teilnehmer das gelernte Wissen in den VR-Unterrichtssequenzen angewendet haben.

Für die Fragen zur Motivation können ebenfalls Durchschnittswerte oder Prozentsätze berechnet werden, um zu ermitteln, wie motiviert die Teilnehmer waren, sich aktiv am VR-Unterricht zu beteiligen.

Der interferenzstatistische Bereich der Auswertung zielt darauf ab, die statistische Signifikanz der zuvor gewonnenen Erkenntnisse zu überprüfen. Dies wird in der Regel durch Hypothesentests oder statistische Tests wie t-Tests oder ANOVAs (Analysis of Variance) durchgeführt. Die Interferenzstatistik erlaubt es, Aussagen darüber zu treffen, ob die beobachteten Unterschiede oder Zusammenhänge zwischen den Variablen tatsächlich signifikant sind und nicht einfach dem Zufall geschuldet sind.

Durch die Kombination von deskriptiven und interferenzstatistischen Auswertungen können fundierte Schlussfolgerungen aus den Daten gezogen werden und eine umfassende Interpretation der Ergebnisse erfolgen. Dadurch wird sichergestellt, dass die gewonnenen Erkenntnisse nicht nur beschrieben werden, sondern auch auf ihre statistische Relevanz hin geprüft werden.

5.1 Deskriptivstatistische Auswertung

Innerhalb des Prä-Fragebogens (Anhang D) ist unter Verwendung einer 5-teiligen Skala um die Selbsteinschätzung gebeten worden. Die Skala von 1 bis 5 ermöglicht den Teilnehmern, ihre Zustimmung oder Ablehnung in verschiedenen Stufen auszudrücken. Dies bietet eine größere Bandbreite an Möglichkeiten, um ihre tatsächliche Meinung zu reflektieren. Die Verwendung von numerischen Zwischenschritten ermöglicht es den Teilnehmern auch, ihre Einschätzungen präziser zu machen und ihre tatsächlichen Einstellungen besser widerzuspiegeln.

Die Rundung der Durchschnittswerte auf zwei Nachkommastellen dient zur Veranschaulichung der Ergebnisse im Rahmen dieser Arbeit. Bei der statistischen Berechnung wurde auf die ungerundeten Werte zurückgegriffen, um eine möglichst genaue Auswertung zu erhalten.

5.1.1 Ergebnisse soziostrukturelle Parameter

Die Beachtung der soziostrukturellen Faktoren wie Alter, Geschlecht und berufliche Vorbildung in Bezug auf das subjektive Erleben ist von großer Bedeutung. Diese Faktoren können Verhalten und die Reaktionen der Teilnehmer beeinflussen. Die Vielfalt der erhobenen Daten ermöglicht es, entsprechende Rückschlüsse auf mögliche Zusammenhänge zwischen den demographischen Faktoren und dem Lernergebnis zu ziehen.

Durch die Analyse und Betrachtung dieser demographischen Faktoren in Bezug auf das VR-Lernerlebnis sollen mögliche Muster und Zusammenhänge erkannt werden. Ebenso wird dargestellt werden, ob die berufliche Vorbildung der Teilnehmer Einfluss auf ihre Lernergebnisse in der VR-Umgebung hat. (Jenewein & Hundt, 2009, S. 14).

Tabelle 2 Deskriptive soziostrukturelle Parameter (Inklusion kategorialer Parameter) (eigene Darstellung)

Parameter	n	mean	sd	median	min	max	skew	kurtosis
Alter	54,00	21,31	4,09	20,00	16,00	34,00	1,48	1,68
Bitte schätzen Sie sich ein / Skala: Stimme überhaupt nicht zu = 1; Stimme voll zu = 5								
1.11 Ich bin ein technik-begeisterter Mensch	54,00	3,02	1,11	3,00	1,00	5,00	-0,12	-0,86
1.12 Ich kann Smartphones und Tablets gut bedienen	54,00	4,26	0,78	4,00	2,00	5,00	-0,94	0,56
1.13 Ich lese gerne digital (E-Books, Texte im Display)	54,00	3,00	1,20	3,00	0,00	5,00	-0,19	-0,48
1.14 Soziale Netzwerke (z.B. Facebook, Instagram, TikTok und Snapchat) spielen für mich eine wichtige Rolle	54,00	3,70	1,11	4,00	1,00	5,00	-0,47	-0,58
1.15 Ich schaue mir gerne Filme an (z.B. Kino, TV, YouTube)	54,00	4,52	0,75	5,00	2,00	5,00	-1,40	1,17

1.16 Ich verwende Computer/Tablets/Smartphones in vielen Bereichen meines Alltags	54,00	4,61	0,63	5,00	2,00	5,00	-1,77	3,74
1.17 Ich sehe mir lieber Videos an, als Texte zu lesen	54,00	3,83	1,02	4,00	1,00	5,00	-0,40	-0,63
1.18 Ich kann mir Inhalte durch Videos leichter merken als durch geschriebene Texte	54,00	3,69	0,97	4,00	2,00	5,00	-0,09	-1,07
1.19 Ich komme in der „Virtuellen Realität" gut klar	54,00	2,87	0,89	3,00	1,00	5,00	-0,38	0,73
1.20 Der Umgang mit unbekannten digitalen Medien fällt mir leicht	54,00	3,41	0,84	3,00	1,00	5,00	-0,47	0,94
Wie können Sie effektiv lernen? Bitte schätzen Sie sich ein Skala: Stimme überhaupt nicht zu = 1; Stimme voll zu = 5								
1.21 In Lerngruppen, wenn ich Themen anderen erklären und mit ihnen darüber diskutieren kann	54,00	3,24	1,18	3,00	1,00	5,00	-0,19	-0,98
1.22 Durch Aufschreiben (z.B. Mitschriften und eigene Zusammenfassung).	54,00	4,33	0,67	4,00	3,00	5,00	-0,49	-0,83

84

1.23 Wenn ich mein eigenes Tempo bestimmen kann.	54,00	4,56	0,63	5,00	3,00	5,00	-1,07	0,00
1.24 Durch Zuhören (z.B. Vorlesung, Podcasts)	54,00	3,07	0,93	3,00	1,00	5,00	0,00	-0,40
1.25 Durch visuelle Veranschaulichung (z.B. Abbildungen, Grafiken und Tabellen)	54,00	3,94	0,83	4,00	2,00	5,00	-0,47	-0,35
1.26 Durch bewegte Bilder (z.B. Clips, Videos)	54,00	3,93	0,89	4,00	2,00	5,00	-0,50	-0,52

Die Tabelle zeigt die Ergebnisse der Selbsteinschätzung der Probanden in Bezug auf ihre Mediennutzung und ihre Affinität zu digitalen Endgeräten und Filmen. Die meisten Probanden gaben an, sich gut mit mobilen digitalen Endgeräten auszukennen und diese im Alltag zu nutzen. Auch die Affinität zu Filmen wurde häufig genannt.

In Bezug auf die Effektivität des eigenen Lernens zeigen die Ergebnisse, dass die Probanden ihre Lernfähigkeiten insgesamt als gut einschätzen. Die Fragen 1.22 (4,33), 1.23 (4,56) und 1.25 (3,94) erhielten die höchsten Zustimmungswerte, was darauf hindeutet, dass die Probanden sich selbst als effektive Lerner betrachten. Dies könnte wichtige Hinweise für die Gestaltung des nachfolgenden VR-basierten Lernens liefern, um die Motivation und das Selbstvertrauen der Lernenden zu stärken.

Die Betrachtung der Homogenität innerhalb der Gruppe ist ebenfalls relevant, da sie darauf hindeutet, dass die Probanden in Bezug auf ihre Mediennutzung und Lernerfahrungen ähnliche Merkmale aufweisen.

Ein interessantes Ergebnis ist, dass die gesamte Gruppe tendenziell eine geminderte Effizienz des auditiven Lernens (3,07) beschreibt. Dies könnte darauf hindeuten, dass die Probanden möglicherweise eine Präferenz für andere Lernstile haben, die nicht primär auf das auditive Lernen ausgerichtet sind. Die Auswertung zeigt auch, dass die Auszubildenden bevorzugt ihr eigenes Lerntempo bestimmen und selbst erstellte Mitschriften nutzen. Dies deutet darauf hin, dass die Probanden eine gewisse Kontrolle über ihren Lernprozess wünschen und sich durch selbstgesteuertes Lernen effektiver fühlen.

Insgesamt bieten die Ergebnisse der Selbsteinschätzung wichtige Informationen über die Lernpräferenzen und -gewohnheiten der Probanden, die bei der Entwicklung und Umsetzung des VR-Lernsystems berücksichtigt werden sollten, um ein möglichst effektives und motivierendes Lernerlebnis zu ermöglichen.

5.1.2 Lernergebnis

Die Betrachtung der Lernergebnisse basiert auf der durchschnittlich erreichten Prozentzahl der Probanden in den schriftlichen Tests. Um diese zu ermitteln, wurde die erreichte Punktzahl jedes einzelnen Probanden im Verhältnis zu den maximal möglichen 50 Punkten berechnet. Anschließend wurde der Durchschnittswert der erreichten Prozentzahlen innerhalb jeder Gruppe ermittelt.

Diese Methode ermöglicht eine faire und vergleichbare Bewertung der Lernergebnisse, da sie unabhängig von der Anzahl der Fragen oder

der Schwierigkeit der einzelnen Fragen ist. Dadurch können auch Veränderungen in den Lernergebnissen aufgrund von Vorerfahrungen oder anderen Einflussfaktoren erfasst und bewertet werden.

Die Verwendung von Prozentzahlen erleichtert auch die Interpretation der Ergebnisse, da sie eine klare Aussage darüber geben, wie viel Prozent der möglichen Punkte ein Proband erreicht hat. Eine höhere Prozentzahl deutet auf bessere Lernergebnisse hin, während eine niedrigere Prozentzahl auf schwächere Lernergebnisse hinweisen kann. Durch die Berücksichtigung der durchschnittlichen Prozentzahlen können Rückschlüsse auf die Wirksamkeit der Lernumgebung gezogen werden

Die Umwandlung der Daten zur weiteren Nutzung in der Interferenz und stratifizierten Auswertung ist im Anhang I nachzuvollziehen.

Lernergebnis Frontalunterricht

Die Ergebnisse der ersten Interventionsform "Frontalunterricht" zeigen, dass die Gruppe 1 im Test T0 ein geringeres Vorwissen zum Lernthema hatte als Gruppe 2 mit entsprechender Vorerfahrung. Die Lernkurven der beiden Gruppen verhalten sich nahezu parallel, so dass zur weiteren Besprechung der Ergebnisse der kombinierte Wert der Gruppen herangezogen wird (Tabelle 3).

Tabelle 3 Lernergebnis Frontalunterricht, in Prozent (eigene Darstellung)

	Gruppe 1	Gruppe 2	Gesamt
Test 0 Frontalunterricht	5,1	14,9375	10,01875
Test 1 Frontalunterricht	38,2	61,125	49,6625
Test 2 Frontalunterricht	27,36842	42,5	34,9342105
Test 3 Frontalunterricht	21,9	32,875	27,3875

Die Ergebnisse aus Tabelle 3 zeigen, dass durch die Intervention Frontalunterricht das Lernergebnis um 39,65 Prozentpunkte gestiegen ist. Dies deutet darauf hin, dass der Frontalunterricht eine effektive Methode war, um das Wissen der Probanden zu verbessern und die Lernziele zu erreichen. Allerdings ist nach dem Retentionsfenster von 7 Tagen und 14 Tagen ein Rückgang von 14,73 respektive im weiteren Schritt um 7,55 Prozentpunkte im Lernergebnis zu beobachten. Dies könnte darauf hindeuten, dass das erlernte Wissen nach einer gewissen Zeit nachlässt und eine Auffrischung des Gelernten erforderlich sein könnte. Die Abbildung 3 veranschaulicht die Lernergebnisse durch die Sozialform Frontalunterricht und zeigt den Anstieg des Lernergebnisses nach der Intervention und den Rückgang nach dem Retentionszeitraum.

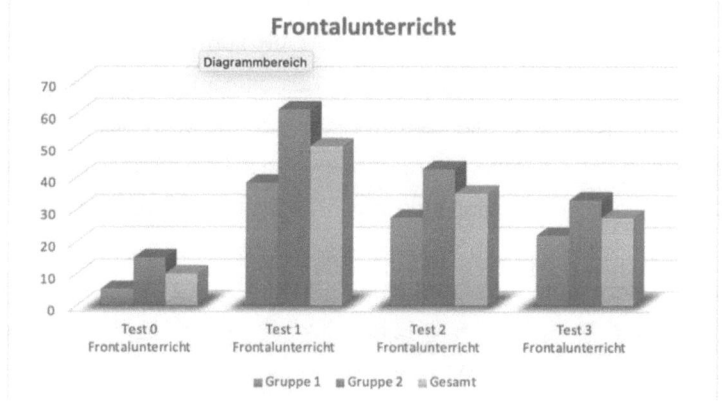

Abbildung 3 Lernergebnis Frontalunterricht (eigene Darstellung)

Lernergebnis Virtuelle Realität

Die Tabelle 4 zeigt die Lernergebnisse im Rahmen der Intervention mittels der Sozialform Virtuelle Realität. Es ist deutlich erkennbar, dass der Wert von T0 (Prä-Intervention) zu T1 (Intermediate) um 38,5 Prozentpunkte gestiegen ist. Es zeigt sich, dass die Teilnehmer, welche zuvor Kontakt mit der Virtuellen Realität (Tabelle 1) hatten, anders als

88

in der vorangegangenen Studie (Mensch & Backhaus, 2020) eine Verbesserung ihrer Lernergebnisse verzeichnen konnten.

Tabelle 4 Lernergebnis Virtuelle Realität, in Prozent (eigene Darstellung)

	Gruppe 1	Gruppe 2	Gesamt
Test 0 Virtuelle Realität	30,90909	27,4667	29,1878788
Test 1 Virtuelle Realität	64,09091	71,3333	67,7121212
Test 2 Virtuelle Realität	53,90909	55,0667	54,4878788
Test 3 Virtuelle Realität	49,18182	53,4	51,2909091

Die Erhöhung um 38,5 Prozentpunkte legt zudem nahe, dass die Nutzung der Virtuellen Realität einen positiven Einfluss auf das Lernergebnis hatte. Dies deutet darauf hin, dass die VR-Lernumgebung effektiv war und dazu beigetragen hat, dass die Teilnehmer besser in der Lage waren, das gelernte Wissen anzuwenden und die schriftlichen Tests erfolgreich zu absolvieren. Interessanterweise zeigt die Tabelle jedoch, dass sich nach einer Zeitspanne von 7 Tagen (Test 2) und 14 Tagen (Test 3) ein verlangsamter Wissensverlust in der Retentionsphase abzeichnet. Konkret lag die Veränderung bei T1 zu T2 13,22 Prozentpunkten und T2 zu T3 3,19 Prozentpunkten. Dies deutet darauf hin, dass sich die langfristige Wirkung der Virtuellen Realität auf die Lernergebnisse bestätigt hat. Die Abbildung 4 (nachfolgende Seite) soll diese Ergebnisse grafisch verdeutlichen und den Verlauf des Lernzuwachses über die Zeit darstellen. Zeitgleich ist die Homogenität der Gruppen deutlich zu erkennen ohne, dass die Variablen „Vorerfahrung" bzw. „Ausbildungsjahr" eine signifikante Auswirkung im Ergebnis darstellen.

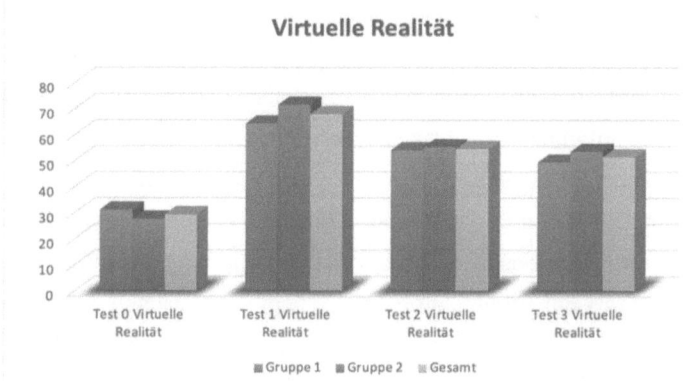

Abbildung 4 Lernergebnis Virtuelle Realität (eigene Darstellung)

Lernergebnis gesamt

Die Gesamtbetrachtung der beiden Interventionen zeigt, dass der Frontalunterricht im Test T1 im Vergleich zur Virtuellen Realität ein minimal verbessertes Lernergebnisse erzielt hat. Zuwachsrate von 39,65 zu 38,5 Prozent. Dieser nur rechnerisch sichtbare Unterschied, zeigt keine signifikanten Unterschiede in der Wissenssteigerung durch die getesteten Sozialformen an.

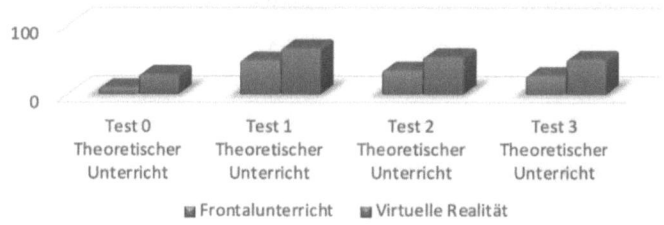

Abbildung 5 Lernergebnis gesamt (eigene Darstellung)

Allerdings ist auch zu beachten, dass es im Rahmen des Retentionsfensters zu einem ungleichen Abfallen der Leistung beider Gruppen kommt. Der Retentionsverlust von T1 zu T3 im Rahmen der Intervention Frontalunterricht lag bei 22,27 Prozent. Dahingegen betrug der Verlust nach der Sozialform Virtuelle Realität im selben Zeitfenster nur 16,42 Prozent. Diese Beobachtungen deuten darauf hin, dass die Virtuelle Realität eine bessere Langzeitwirkung auf das Wissen der Probanden hat als der Frontalunterricht. Es liegt der Schluss nahe, dass die Immersion und das erlebnisorientierte Lernen in der Virtuellen Realität zu einer stärkeren Verankerung des Wissens führen. Im Rahmen der weiteren Analyse wird diese Erkenntnis interferenzstatistisch und stratifiziert auf ihre Signifikanz geprüft.

Tabelle 5 Lernergebnis gesamt, in Prozent (eigene Darstellung)

	Frontalunterricht	Virtuelle Realität
Test 0 Theoretischer Unterricht	10,01875	29,1879
Test 1 Theoretischer Unterricht	49,6625	67,7121
Test 2 Theoretischer Unterricht	34,93421	54,4879
Test 3 Theoretischer Unterricht	27,3875	51,2909

Es ist jedoch wichtig, die Ergebnisse mit Vorsicht zu betrachten, da weitere Faktoren wie die Lernmotivation, die Lernumgebung und individuelle Lernstrategien eine Rolle spielen könnten. In der abschließenden Diskussion der Studie sollten diese Aspekte berücksichtigt werden, um die Ergebnisse angemessen zu interpretieren und mögliche Erklärungen für die beobachteten Effekte zu liefern.

5.1.3 Selbsteinschätzung Post-Test Frontalunterricht

Die Ergebnisse der Tabelle 6 zeigen, dass keiner der Faktoren deutlich herausgehoben werden kann. Die Auswertung der Fragen 1.5 bis 1.7 ergab nur eine eingeschränkte Motivation der Probanden, den Lehrinhalt durch das Unterrichtsmedium zu verstehen und zu lernen. Dies deutet darauf hin, dass die Auszubildenden möglicherweise Schwierigkeiten hatten, eine hohe Motivation aufzubauen. Es ist jedoch wichtig zu beachten, dass diese Ergebnisse auf Selbsteinschätzungen der Probanden beruhen und möglicherweise weitere Faktoren eine Rolle spielen könnten, die in dieser Studie nicht berücksichtigt wurden.

Tabelle 6 Ergebnis Selbsteinschätzung Post-Test Frontalunterricht (eigene Darstellung)

Bitte schätzen Sie sich ein. stimme überhaupt nicht zu = 1; stimme voll zu = 5	Gruppe 1	Gruppe 2	Gesamt
1.1 Der Unterricht fördert mein Interesse am Themengebiet	3,2	3,03	3,09
1.2 Die Möglichkeiten der Mitgestaltung und Diskussion waren gegeben	2,7	3,40	3,09
1.3 Der Unterricht verdeutlicht die Verwendbarkeit und den Nutzen des behandelten Stoffes in der Praxis	3,45	3,62	3,55
1.4 Die Art, wie der Unterricht gestaltet ist, trägt zum Verständnis des Stoffes bei.	3,4	3,06	3,55
1.5 Die Unterrichtsmethode fördert mein Interesse am Themengebiet	3,1	2,78	2,90
1.6 Die Unterrichtsmethode erleichtert es mir, das Vermittelte zu verstehen	3,2	2,84	2,98
1.7 Die Unterrichtsmethode erleichtert es mir, das Vermittelte zu lernen	3,1	2,84	2,94

Die Auswertung der Selbsteinschätzung im Post-Test nach der Virtuellen Realität kann wichtige Erkenntnisse über das subjektive Empfinden der Probanden in Bezug auf die erlernte Materie und die Erfahrung liefern.

5.1.4 Selbsteinschätzung Post-Test Virtuelle Realität

Die Ergebnisse der Selbsteinschätzungen (Tabelle 7) nach der Intervention "Virtuelle Realität" zeigen eine deutliche Zustimmung der Probanden zu den gestellten Fragen. Die Bewertungen liegen durchgehend nahe an der vollen Zustimmung, was darauf hindeutet, dass die Auszubildenden die virtuelle Unterrichtsform positiv bewerten.

Insbesondere in den Fragen, die unter dem Aspekt der Motivation durch die Unterrichtsform betrachtet wurden (Fragen 1.1; 1.4 bis 1.7), zeigt sich eine Zustimmung der Probanden. Dies deutet darauf hin, dass die Teilnehmer eine leichtere und effektivere Lernerfahrung durch die Nutzung der Virtuellen Realität erleben. Die zusätzliche Frage zur leichten Orientierung innerhalb der Virtuellen Realität wird ebenfalls deutlich positiv bewertet, was darauf hindeutet, dass die Probanden keine Schwierigkeiten bei der Nutzung des Mediums hatten.

Es ist zu bemerken, dass keine eklatanten Unterschiede zwischen den beiden Gruppen (mit und ohne Vorerfahrung) erkennbar sind. Dies deutet darauf hin, dass die Virtuelle Realität als Unterrichtsmedium unabhängig von der Vorerfahrung der Probanden positive Auswirkungen auf die Selbsteinschätzungen und die Lernmotivation hat.

Die deutliche Zustimmung der Probanden zu den Fragen nach der Intervention "Virtuelle Realität" untermauert die positiven Ergebnisse der

Studie und stärkt die Aussage, dass die Virtuelle Realität als Lernmedium eine förderliche Wirkung auf die Motivation und das Lernerlebnis
der Auszubildenden hat.

Tabelle 7 Ergebnis Selbsteinschätzung Post-Test VR (eigene Darstellung)

Bitte schätzen Sie sich ein. Stimme überhaupt nicht zu = 1; Stimme voll zu = 5	Gruppe 1	Gruppe 2	Gesamt
1.1 Der Unterricht fördert mein Interesse am Themengebiet	4,31	4,3	4,3
1.2 Die Möglichkeiten der Mitgestaltung und Diskussion waren gegeben	3,27	3,46	3,38
1.3 Der Unterricht verdeutlicht die Verwendbarkeit und den Nutzen des behandelten Stoffes in der Praxis	3,86	3,96	3,92
1.4 Die Art, wie der Unterricht gestaltet ist, trägt zum Verständnis des Stoffes bei.	4,22	4,46	4,36
1.5 Die Unterrichtsmethode fördert mein Interesse am Themengebiet	4,22	4,43	4,34
1.6 Die Unterrichtsmethode erleichtert es mir, das Vermittelte zu verstehen	3,86	4,2	4,05
1.7 Die Unterrichtsmethode erleichtert es mir, das Vermittelte zu lernen	3,68	3,96	3,84
1.8 Es ist mir leichtgefallen, mich in der virtuellen Realität zu orientieren	4,22	4,06	4,13

5.1.5 Vergleich Interventionen mittels der Selbsteinschätzungsbögen

Das Zusammenführen der Ergebnisse aus den Tabellen 6 und 7 in eine
gemeinsame Tabelle 8 ermöglicht eine bessere Gesamtübersicht und
Vergleichbarkeit der Ergebnisse zwischen den beiden Interventionsfor-
men (Frontalunterricht und Virtuelle Realität).

94

stimme überhaupt nicht zu = 1; stimme voll zu = 5	Mittelwert Gesamt Frontalunterricht	Mittelwert Gesamt Virtuelle Realität	Abweichung des Mittelwertes	Abweichung in Prozent
1.1 Der Unterricht fördert mein Interesse am Themengebiet	3,09	4,30	1,21	28%
1.2 Die Möglichkeiten der Mitgestaltung und Diskussion waren gegeben	3,09	3,38	0,28	9%
1.3 Der Unterricht verdeutlicht die Verwendbarkeit und den Nutzen des behandelten Stoffes in der Praxis	3,55	3,923076923	0,36	9%
1.4 Die Art, wie der Unterricht gestaltet ist, trägt zum Verständnis des Stoffes bei.	3,55	4,365	0,80	19%
1.5 Die Unterrichtsmethode fördert mein Interesse am Themengebiet	2,90	4,34	1,44	33%
1.6 Die Unterrichtsmethode erleichtert es mir, das Vermittelte zu verstehen	2,98	4,05	1,07	27%
1.7 Die Unterrichtsmethode erleichtert es mir, das Vermittelte zu lernen	2,94	3,84	0,90	24%

Die Angabe der prozentualen Veränderung verdeutlicht, wie sich die Mittelwerte der Testergebnisse nach den Interventionen entwickelt haben. Die Ergebnisse der Tabelle 8 liefern wichtige Einblicke in die Veränderungen der Testergebnisse nach den Interventionen in den beiden Gruppen. Die prozentuale Veränderung zeigt, dass das Interesse am

Themengebiet durch die Lernform Virtuelle Realität um 33 Prozent gesteigert werden konnte. Dies deutet darauf hin, dass die Probanden
durch die virtuelle Erfahrung einen höheren Grad an Interesse und Engagement gezeigt haben, was sich positiv auf das Lernergebnis auswirken kann.

Darüber hinaus ist die Zustimmung zu den anderen Fragen deutlich
gestiegen, was ebenfalls auf eine erhöhte Lernbereitschaft und Motivation hindeutet. Die gesteigerte Zustimmung zu den Fragen bezüglich
der Mediennutzung und der Effektivität des Lernens zeigt, dass die
Probanden die virtuelle Erfahrung als positiv und effektiv wahrgenommen haben.

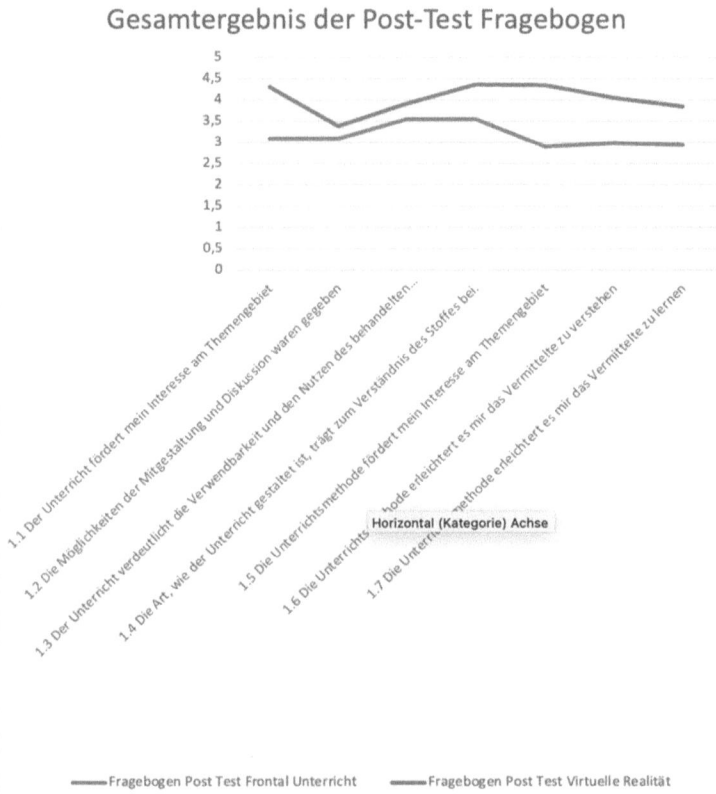

Abbildung 6 Gesamtergebnis der Post-Test Fragebogen (eigene Darstellung)

Die Grafik 6 verdeutlicht visuell die positiven Auswirkungen der virtuellen Erfahrung auf die Lernmotivation der Auszubildenden. Die durchgängige Veränderung zeigt, dass die Virtuelle Realität als Lernmedium einen signifikanten Einfluss auf die Selbsteinschätzungen der Probanden hat und sie zu einem aktiveren und motivierten Lernen anregt.

Aufgrund dieser Ergebnisse kann der Autor die Aussage treffen, dass die Virtuelle Realität die Lernmotivation der Auszubildenden fördern kann. Die immersive und interaktive Wirkung der virtuellen Erfahrung

97

scheint das Interesse der Lernenden zu steigern und ihre Bereitschaft, sich aktiv mit dem Lernstoff auseinanderzusetzen, zu erhöhen.

5.2 Interferenzstatistische und stratifizierte Auswertung

In der interferenzstatistischen Auswertung werden die Ergebnisse der Studie auf statistische Signifikanz überprüft. Hierbei werden die zuvor aufgestellten Hypothesen auf bestimmte Zusammenhänge oder Unterschiede zwischen den Variablen überprüft.

Die interferenzstatistische Prüfung ist wichtig, um zu bestimmen, ob die gefundenen Ergebnisse tatsächlich auf statistisch signifikante Zusammenhänge oder Unterschiede hinweisen oder ob sie zufällig entstanden sein könnten. Die Ergebnisse werden in der Regel durch die Angabe von p-Werten dargestellt, die anzeigen, wie wahrscheinlich die beobachteten Unterschiede oder Zusammenhänge aufgrund des reinen Zufalls zustande gekommen sein könnten. Ein geringer p-Wert zeigt an, dass die Ergebnisse statistisch signifikant sind und nicht auf Zufall beruhen.

5.2.1 interferenzstatistische Betrachtung Lernergebnis

Die ANOVA (Analysis of Variance) mit Welch-Testung, ein signifikanter zweifaktorieller (Zeit und Unterrichtsmethode) Zusammenhang ist in Abbildung 7 dargestellt.

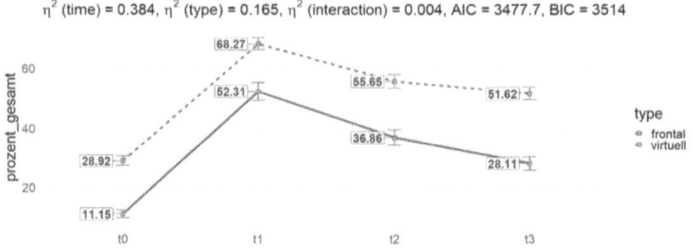

η^2 (time) = 0.384, η^2 (type) = 0.165, η^2 (interaction) = 0.004, AIC = 3477.7, BIC = 3514

Abbildung 7 Gesamtbetrachtung der Lernergebnisse (ANOVA 2 Faktoren) (eigene Darstellung)

Die wichtigsten Informationen aus der Grafik lauten:

F (2.12, 97.50) = 3.874: Dies ist das Testergebnis des F-Tests, der den Effekt der unabhängigen Variablen (Zeit und Unterrichtsmethode) auf die abhängige Variable misst. Die "2.12" und "97.50" sind die Freiheitsgrade für die F-Verteilung. Die genauen Freiheitsgrade hängen von der Größe der Stichprobe und der Anzahl der Gruppen in den unabhängigen Variablen ab.

p < .001: Dies ist der p-Wert, der die Signifikanz des beobachteten Effekts angibt. Ein p-Wert kleiner als .001 zeigt an, dass der Effekt statistisch sehr signifikant ist.

Die Resultate deuten darauf hin, dass sowohl die „Zeit" als auch die „Unterrichtsmethode" einen statistisch signifikanten Einfluss auf die abhängige Variable „Lernergebnis" haben

Als Basis für Abbildung 11 dient die Tabelle 9. Diese ergibt zusammenfassend: F(2.12,97.50) = 3.874, p<.001 unabhängig von allen Kovariaten.

Effect	DFn	DFd	F	p	p<.05	ges
type	1	46	106,886	1,40E-13	*	0,243
time	2,1	96,41	291,474	2,34E-42	*	0,474
type:time:	2,12	97,5	3,874	0,022	*	0,007

Tabelle 10 zeigt die gruppenspezifische Testung auf Signifikanz im Rahmen der Gesamtbetrachtung auf. Auch hier sind homogene Leistungen der Gruppen ablesbar.

Tabelle 10 Vergleich der Methoden zu jedem Zeitpunkt (eigene Darstellung)

	group1	group2	n1	n2	statistic	df	p	p.adj	p.adj. signif
T0	frontal	virtuell	52	52	-9,40765906	51	9,92E-13	9,92E-13	****
T1	frontal	virtuell	52	52	-5,54735116	51	1,04E-06	1,04E-06	****
T2	frontal	virtuell	51	51	-7,06689558	50	4,72E-09	4,72E-09	****
T3	frontal	virtuell	52	52	-9,17219414	51	2,25E-12	2,25E-12	****

Um das Lernergebnis weiter zu detaillieren, wurde die Entwicklung des Gebrauches von Fachtermini zur Beantwortung der Fragen im Rahmen der Wissenstestungen betrachtet. Die Ergebnisse wurden in der Abbildung 8 grafisch aufbereitet.

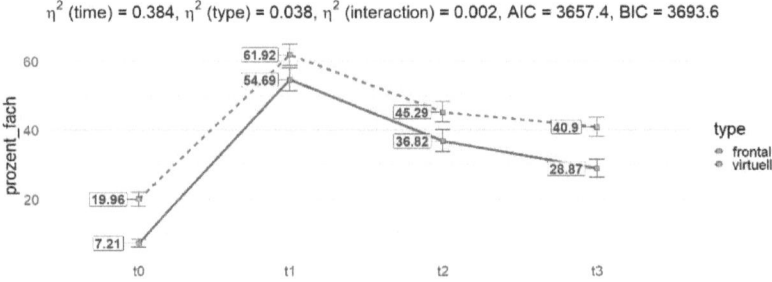

η^2 (time) = 0.384, η^2 (type) = 0.038, η^2 (interaction) = 0.002, AIC = 3657.4, BIC = 3693.6

Abbildung 8 Gesamtbetrachtung der Entwicklung der Fachsprache (eigene Darstellung)

Auch eine Darstellung in Form von Boxplotts wurde erarbeitet, um einen höheren Detailgrad der Auswertung abzubilden. Der Boxplot besteht aus der Box, welche den Bereich der Daten, der zwischen dem
25. und 75. Perzentil liegen, repräsentiert. Das bedeutet, dass sie die
mittleren 50% der Daten enthält. Die untere Kante der Box markiert das
25. Perzentil (Q1), während die obere Kante das 75. Perzentil (Q3)
darstellt. In der Mitte der Box befindet sich eine Linie, die den Median
der Daten darstellt. Der Median ist der Wert, der genau in der Mitte der
sortierten Datenreihe liegt, sodass 50% der Daten unterhalb und 50%
oberhalb dieses Wertes liegen. Auch die Whisker, welche von den
Rändern der Box ausgehen sind gut zu erkennen. Sie reichen bis zu
den extremen Daten, die nicht als Ausreißer betrachtet werden. Die
Länge der Whisker kann variieren, abhängig von den verwendeten
Whisker-Regeln. In dieser Darstellung das 3-fache des Interquartilbe-
reichs. Dem Autor ist es besonders wichtig, in der Abbildung 9 die Homogenität der Gruppe darzustellen, welches über die Ausreißer ge-
lingt. Ausreißer sind Punkte, die außerhalb der Whisker liegen. Diese
sind Datenwerte, die signifikant von den meisten anderen Daten ab-
weichen.

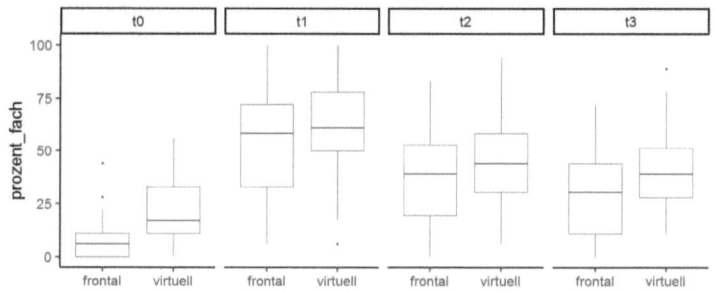

Abbildung 9 Gesamtbetrachtung der Entwicklung der Fachsprache Boxplott (eigene Darstellung)

Tabelle 11 Gesamtbetrachtung der Entwicklung der Fachsprache Berechnungstabelle (eigene Darstellung)

	Effect	DFn	DFd	F	p	p<.05	ges
1	type	1	46	16,596	0,000181	*	0,05
2	time	1,96	90,14	170,886	4,07E-31	*	0,408
3	type:time	2,14	98,53	2,08	0,127		0,005

Die statistische Analyse zeigt, dass es einen signifikanten Haupteffekt sowohl für die Unterrichtsmethode als auch für den Zeitpunkt gibt, jedoch keine signifikante Aussage hinsichtlich der Interaktion.

Der Haupteffekt der Unterrichtsmethode $F_{(1,46)} = 16{,}596$, $p < .001$) deutet darauf hin, dass es einen signifikanten Unterschied zwischen den Lernergebnissen der beiden Unterrichtsmethoden gibt. Die Virtuelle Realität als Unterrichtsmethode hat sich als wirksamer als der Frontalunterricht erwiesen.

Der Haupteffekt des Zeitpunkts $F_{(1.96, 90.14)} = 170{,}886$, $p < .001$) zeigt, dass es eine signifikante Veränderung der Lernergebnisse im Laufe der Zeit gab. Die Lernergebnisse haben sich sowohl unmittelbar nach der Intervention als auch im Retentionszeitraum signifikant verbessert.

102

Die fehlende signifikante Interaktion deutet darauf hin, dass der Effekt der Unterrichtsmethode auf die Lernergebnisse unabhängig von der Zeit ist. Mit anderen Worten, die Verbesserung der Lernergebnisse durch die Virtuelle Realität im Vergleich zum Frontalunterricht bleibt im Verlauf der Zeit konstant.

Tabelle 12 Gesamtbetrachtung der Entwicklung der Fachsprache, tabellarische Darstellung der Signifikanzprüfung (eigene Darstellung)

time	group1	group2	n1	n2	statistic	df	p	p.adj	p.adj.si gnif
t0	frontal	virtuell	52	52	-6,9436158	51	6,68E-09	6,68E-09	****
t1	frontal	virtuell	52	52	-1,86530731	51	0,068	0,068	ns
t2	frontal	virtuell	51	51	-2,42955027	50	0,019	0,019	*
t3	frontal	virtuell	52	52	-3,99628532	51	0,000208	0,000208	***

Interessanterweise ist nur zum Messzeitpunkt T2 (Retentionsphase 7 Tage) der Unterschied zwischen den Sozialformen nicht signifikant. Beim Messpunkt T3 (Retentionsphase 14 Tage) ist er wieder bedeutsam.

5.2.2 Stratifizierter Lösungsweg

Wenn die Signifikanz bei weniger elaborierten Verfahren wie dem Welch - Test verschwindet, ist es sinnvoll, nach alternativen statistischen Ansätzen zu suchen, um die Zusammenhänge zwischen den Variablen zu untersuchen. Der Lösungsweg im Rahmen dieser Forschung bestand darin, eine stratifizierte Analyse durchzuführen. Dabei wurden die Probanden in verschiedene Gruppen oder Strata eingeteilt, basierend auf bestimmten Kriterien wie Alter, Geschlecht oder Bildungsniveau. Anschließend wurden die Daten innerhalb jeder Strata analysiert, um mögliche Zusammenhänge oder Unterschiede zwischen den Variablen aufzudecken. Diese stratifizierte Analyse ermöglichte es, eventuelle Effekte oder Zusammenhänge in kleineren Gruppen sichtbar zu machen, die in der Gesamtgruppe möglicherweise nicht signifikant sind.

Um den Einfluss des OP-Einsatzes in der Viszeralchirurgie auf die Lernergebnisse in den verschiedenen Lernformaten zu analysieren, wurde eine stratifizierte Analyse durchgeführt. Hierbei wurden die Daten für jedes Lernformat (z. B. Virtuelle Realität und Frontalunterricht) separat betrachtet und der Einfluss des OP-Einsatzes innerhalb jedes Lernformats analysiert. Die Fragestellung lautete:

OP-Einsatz in der Viszeralchirurgie bereits erfolgt?

ja = 1; nein = 0 (0=262; 1=168) stratifiziert nach Lernformat

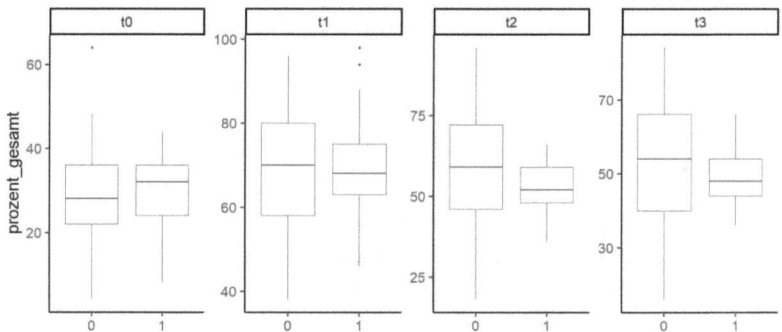

Abbildung 10 stratifiziert nach Lernformat: Virtuelle Realität (Boxplot freie y-Achsen) (eigene Darstellung)

104

Tabelle 13 OP-Einsatz Lernformat Virtuelle Realität (eigene Darstellung)

	Effect	DFn	DFd	F	p	p<.05	ges
1	OP_.Einsat	1	18	0,074	0,789		0,003
2	time	1,87	33,6	86,328	1,21E-13	*	0,574
3	OP_.Ein-sat:time	1,87	33,6	0,384	0,67		0,006

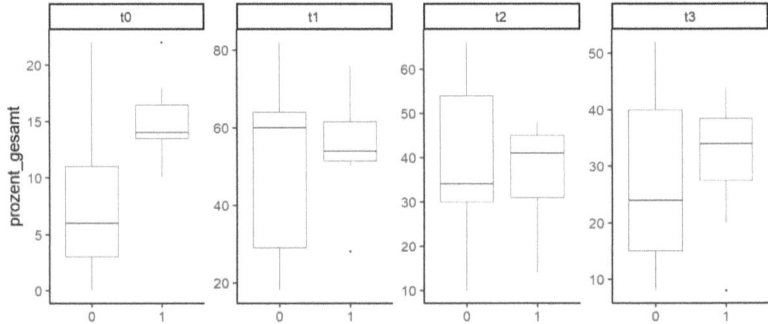

Abbildung 11 stratifiziert nach Lernformat: Frontalunterricht (Boxplot freie y-Achsen) (eigene Darstellung)

Tabelle 14 OP-Einsatz Lernformat Frontalunterricht (eigene Darstellung)

	Effect	DFn	DFd	F	p	p<.05	ges
1	OP_.Einsat	1	15	0,375	0,55		0,018
2	time	1,92	28,78	64,168	3,54E-11	*	0,537
3	OP_.Einsat:time	1,92	28,78	0,374	0,683		0,007

Das Ergebnis, dass die Zeit ein robuster Prädiktor ist und die Kovariate "OP-Einsatz" keine Auswirkung in beiden Unterrichtsmethoden (virtuell und frontal) zeigt, deutet darauf hin, dass die zeitliche Komponente einen signifikanten Einfluss auf die Lernergebnisse hat, unabhängig von der Unterrichtsform.

Dies bedeutet, dass unabhängig davon, ob die Auszubildenden bereits praktische Erfahrungen im OP hatten oder nicht (dargestellt durch die Kovariate "OP-Einsatz"), die erzielten Lernergebnisse signifikant von der Zeitspanne zwischen den Interventionen und den Nachtests beeinflusst werden.

Die folgenden Darstellungen sollen die Auswirkung der Kovariaten auf das Gesamtergebnis zeigen.

Digitale Affinität

Zunächst wird die Co-Variable der „Digitalen Affinität" betrachtet. Zu diesem Zweck, wurden Items (1.11 – 1.20) aus der Soziostrukturellen Analyse (Tabelle 2) in eine Skala überführt. Die einzelnen Items wurden metrisch und somit gleichwertig ohne Gewichtung in die Quartilbildung zur Berechnung der ANOVA übernommen.

Die Skala digitale Affinität verteilt sich wie folgt:

Min. 2.400; 1st Qu. 3.800; Median 4.000; Mean 4.031; 3rd Qu. 4.300; Max.5.00; NA's n1

Aus dieser Vorgehensweise resultiert:

1st Quartile = 3.8000 = low

IQR=3.801-4.300 = medium

3rd=4301-5= high

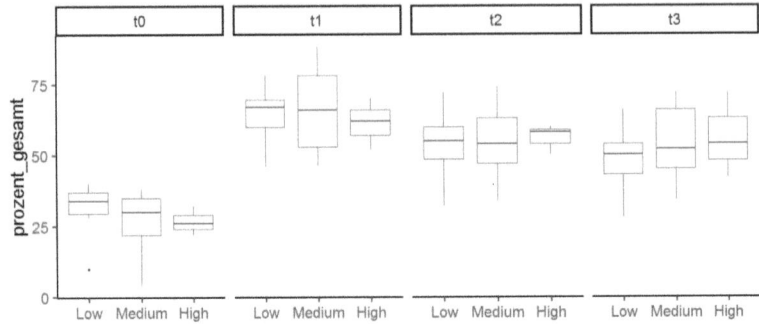

Abbildung 12 Virtuelle Realität mit Kovariate digitale Affinität, Boxplot (eigene Darstellung)

Tabelle 15 Virtuelle Realität mit Kovariate digitale Affinität (eigene Darstellung)

Effect	DFn	DFd	F	p	p<.05	ges
digital_cut	2	17	0,01	0,99		0,000886
time	1,86	31,55	65,448	1,21E-11	*	0,505
digital_cut:time	3,71	31,55	0,877	0,482		0,027

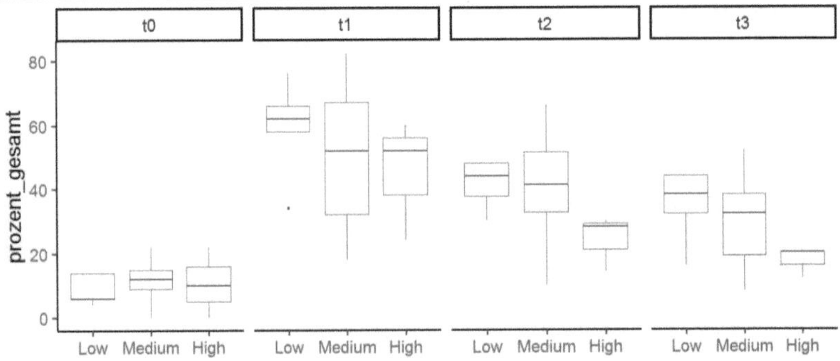

Abbildung 13 Frontalunterricht mit Kovariate digitale Affinität, Boxplot (eigene Darstellung)

107

Tabelle 16 Frontalunterricht mit Kovariate digitale Affinität (eigene Darstellung)

Effect	DFn	DFd	F	p	p<.05
digital_cut	2	14	0,829	0,457	
time	1,92	26,94	50,112	1,12E-09	*
digital_cut:time	3,85	26,94	0,83	0,514	

Aus den Ergebnissen wird abgeleitet, dass die Co-Variable „Digitale Affinität" keinen signifikanten Einfluss auf das Lernergebnis hatte.

Die Unterrichtsmethode erleichterte es mir, das Vermittelte zu verstehen

Als weitere potenzielle Einflussfaktoren wurden die Items, „Die Unterrichtsmethode erleichterte es mir, das Vermittelte zu verstehen, das Alter, das Ausbildungsjahr und die medizinische Vorbildung" ausgewählt. Analog zum bisherigen Vorgehen wurden die Ergebnisse in Boxplots dargestellt und zuvor im Rahmen einer ANOVA errechnet.

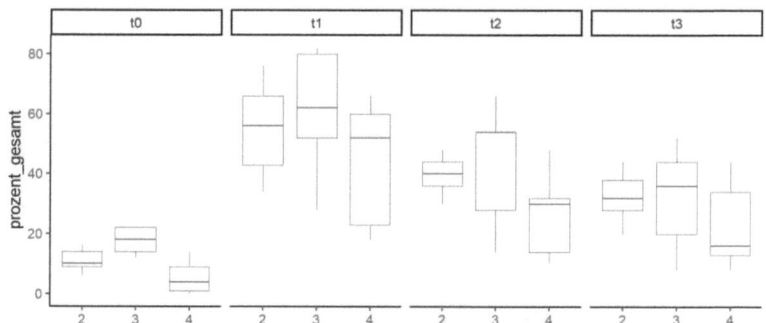

Abbildung 14 Frontalunterricht Kovariate Die Unterrichtsmethode erleichterte es mir, das Vermittelte zu verstehen; Boxplot (eigene Darstellung)

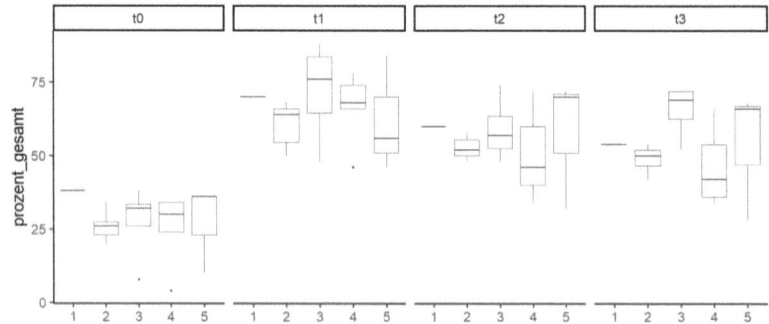

Abbildung 15 Virtuelle Realität Kovariate Die Unterrichtsmethode erleichterte es mir, das Vermit-
telte zu verstehen; Boxplot (eigene Darstellung)

Die ANOVA zeigt keine signifikanten Unterschiede zwischen den Quartilen. Die Zeit sticht weiterhin als Hauptfaktor hervor.

Alter

Analog zur vorherigen Kovariate ist auch das Ergebnis des Einfluss-
faktors „Alter" als nicht signifikant zu betrachten (Abb. 16 und 17)

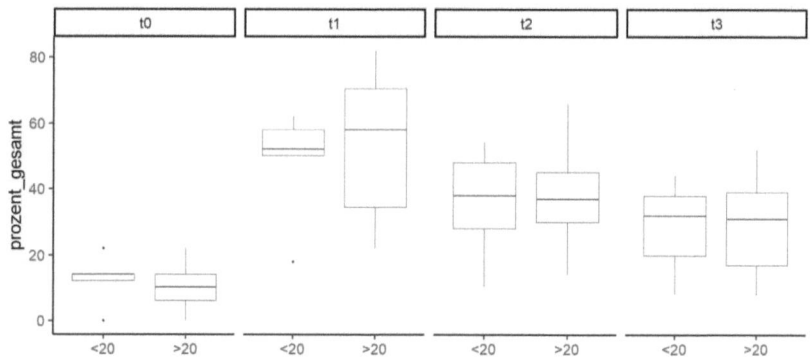

Abbildung 16 Frontalunterricht Kovariate Alter, Boxplot (eigene Darstellung)

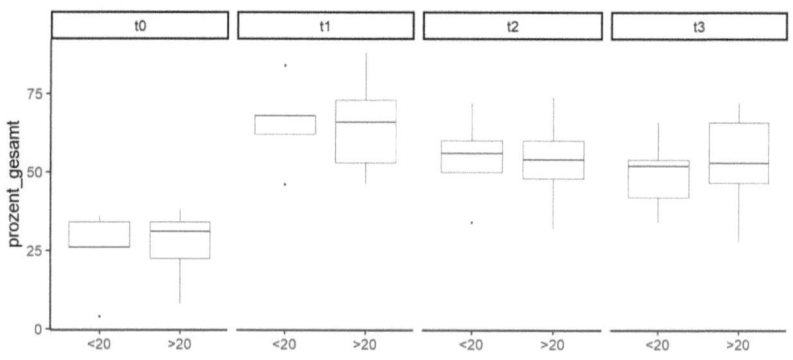

Abbildung 17 Virtuelle Realität Kovariate Alter, Boxplot (eigene Darstellung)

Ausbildungsjahr und Medizinische Vorbildung

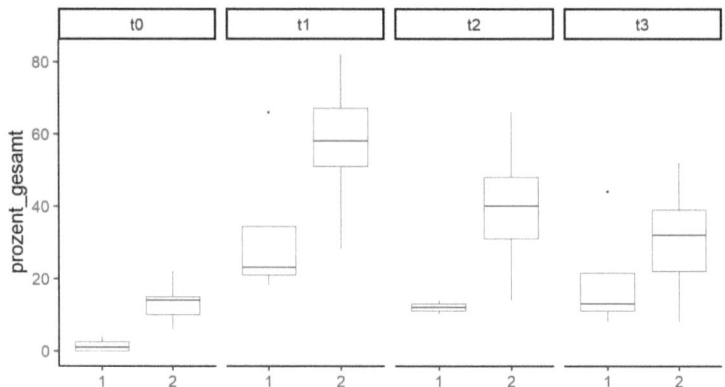

Abbildung 18 Frontalunterricht Kovariate Ausbildungsjahr, Boxplot (eigene Darstellung)

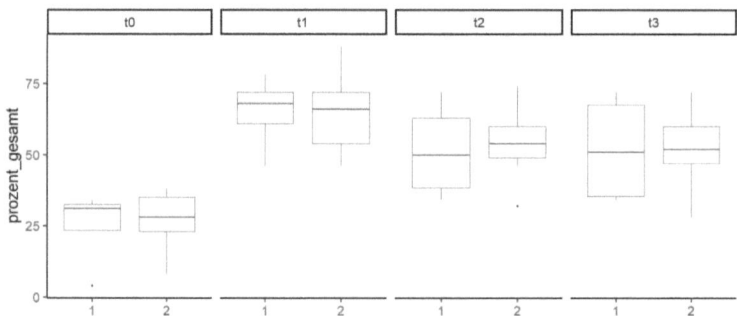

Abbildung 19 Virtuelle Realität Kovariate Ausbildungsjahr, Boxplot (eigene Darstellung)

In den Darstellungen der Kovariate „Medizinische Vorbildung" wurde keine Vorbildung mit 0 und mit Vorbildung mit 1 abgebildet.

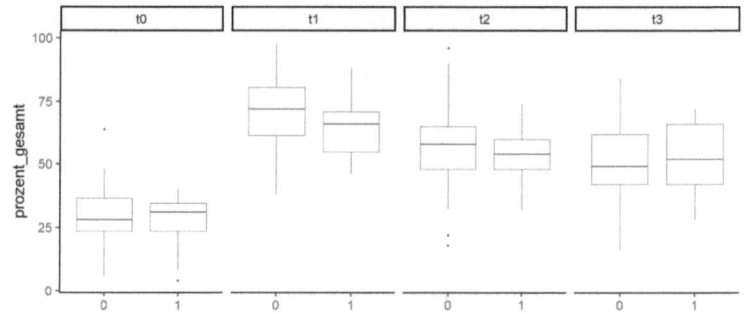

Abbildung 20 Frontalunterricht Kovariate Medizinische Vorbildung, Boxplot (eigene Darstellung)

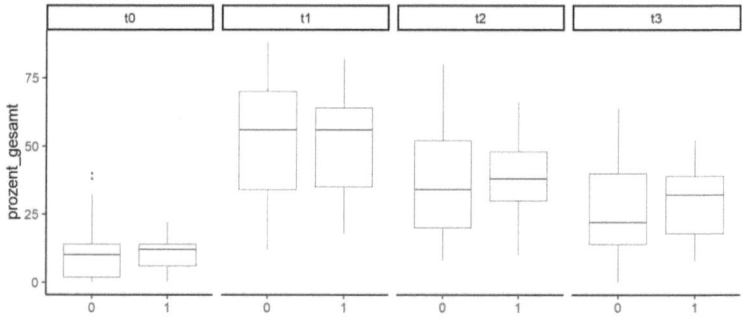

Abbildung 21 Virtuelle Realität Kovariate Medizinische Vorbildung, Boxplot (eigene Darstellung)

Das Ergebnis deutet bei beiden Kovariaten darauf hin, dass die Verän-derung im Lernergebnis im Laufe der Zeit (vor der Intervention, direkt nach der Intervention und in der Retentionsphase) ein wichtiger Faktor ist und einen deutlichen Einfluss auf die abhängige Variable (Lerner-gebnis) hat. Die Probanden zeigen demnach eine Veränderung in ihren Lernergebnissen im Laufe der Zeit, unabhängig von den Kovariaten wie dem Ausbildungsjahr oder der medizinischen Vorbildung.

Auf die Betrachtung der Variablen „Geschlecht" wurde auf Grund der ungleichen Verteilung (8:46) verzichtet.

5.3 Vergleich der Studien Fachpraktischer und Theoretischer Unterricht

Um die Hypothese zu überprüfen, ob die Unterrichtsform Virtuelle Realität auch im theoretischen Unterricht einsetzbar ist, können die Ergebnisse dieser aktuellen Studie mit den Ergebnissen der vorherigen Studie aus dem Jahr 2020 (Mensch & Backhaus, 2020) verglichen werden. Dabei ist es wichtig anzumerken, dass dieselben Studiendesigns und Messinstrumente verwendet wurden

Tabelle 17 Theoretischer Unterricht vs. Fachpraktischer Unterricht (eigene Darstellung) (Mensch & Backhaus, 2020)

	Frontalunterricht Theoretischer Unterricht	Frontalunterricht Fachpraktischer Unterricht	Virtuelle Realität Theoretischer Unterricht	Virtuelle Realität Fachpraktischer Unterricht
Test 0	10,01875	29,834091	29,18787879	43,28864
Test 1	49,6625	59,752273	67,71212121	43,43409
Test 2	34,93421053	54,0075	54,48787879	50,19773
Test 3	27,3875		51,29090909	

Die Ergebnisse weisen darauf hin, dass die Unterrichtsform der Virtuellen Realität das Potenzial hat, langfristig bessere Lernergebnisse zu erzielen und das Wissen besser zu konsolidieren. Dies könnte darauf zurückzuführen sein, dass die immersive Erfahrung in der Virtuellen Realität das Lernen ansprechender und interaktiver gestaltet, was zu einer stärkeren Verbindung mit dem Lehrinhalt führen kann. Dies ist unabhängig von der Unterrichtsart (Fachpraktischer versus Theoretischer Unterricht) zu verzeichnen. Bei der Betrachtung der Messzeitpunkte ist anzumerken, dass in der aktuellen Studie der Wissenszu-

wachs in der Virtuellen Realität analog zu der Kurve des Frontalunterrichts verläuft. Eine vergleichende Aussage bzgl. T3 ist auf Grund des
erweiterten Studiendesigns nicht möglich.

Insgesamt verdeutlichen die Ergebnisse die Stärken und Schwächen
der beiden Unterrichtsformen. Sie unterstreichen die Bedeutung einer
ausgewogenen und gezielten Anwendung von Lehrmethoden. Die Virtuelle Realität könnte sich als wertvolles Instrument erweisen, insbesondere für langfristige Lernziele (T2 zu T3) und die Förderung der
Lernretention (Abbildung 22). Jedoch sollte auch der Frontalunterricht
weiterhin gezielt genutzt werden, insbesondere wenn es darum geht,
kurzfristige Lernergebnisse zu erreichen und bestimmte Lerninhalte zu
vermitteln.

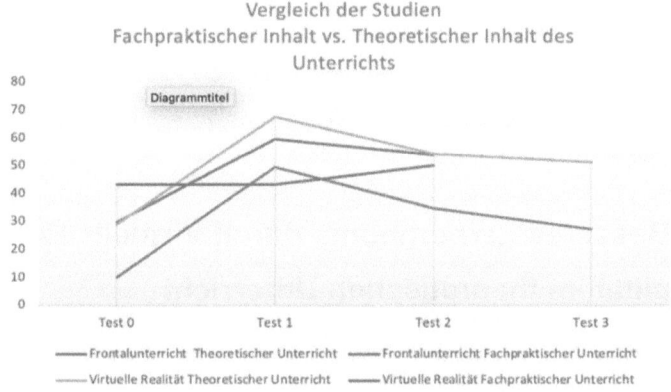

*Abbildung 22 Theoretischer Unterricht vs. Fachpraktischer Unterricht grafisch (eigene Darstel-
lung) (Mensch & Backhaus, 2020)*

In beiden Studien konnte die Signifikanz interferenzstatistisch nachgewiesen werden, denn auch in der Lernergebnisstudie 2020 galt:

Mittels einer zweifaktoriellen Varianzanalyse mit Messwiederholung
konnte gezeigt werden, dass sowohl die Bedingung (Virtuelle Realität

oder Frontalunterricht) als auch der Messzeitpunkt einen Einfluss auf das Lernergebnis haben. (Mensch & Backhaus, 2020, S. 84)

5.4 Diskussion der Ergebnisse

In der Diskussion wird der Autor die Ergebnisse der Studie mit den zuvor aufgestellten Hypothesen abgleichen und prüfen, ob die gefundenen Ergebnisse diese Hypothesen unterstützen oder widerlegen. Dabei wird er auch auf die Darstellung der bekannten Literatur eingehen und die Ergebnisse mit den bereits vorhandenen Erkenntnissen aus der Forschung vergleichen.

Die Diskussion wird auch Raum bieten, mögliche Implikationen der Ergebnisse für die Praxis und für zukünftige Forschung zu erörtern. Der Autor wird darüber hinaus darstellen, wie die Ergebnisse in der Lehre und im Einsatz von VR-Lernsystemen genutzt werden können und welche weiteren Forschungsfragen sich möglicherweise aus den Ergebnissen entwickeln.

5.4.1 Besseres Lernergebnis durch Virtuelle Realität im theoretischen Unterricht

Die Analyse der Daten legt nahe, dass die Nutzung der Virtuellen Realität einen positiven Einfluss auf das Lernergebnis hatte und zu einer signifikanten Verbesserung der Lernergebnisse führte. Die hohe Erhöhung um 38,5 Prozentpunkte lässt vermuten, dass die VR-Lernumgebung effektiv war und den Teilnehmern half, das Gelernte besser zu verstehen und erfolgreich in den schriftlichen Tests anzuwenden. Diese Ergebnisse unterstützen die Hypothese, dass die Virtuelle Realität als Unterrichtsmethode einen signifikanten Einfluss auf die Lernergebnisse hat und eine nachhaltige Wirkung zeigt. Die Verbesserung der Lernergebnisse im Verhältnis zum Frontalunterricht bleibt auch nach 14 Tagen im Retentionszeitraum bestehen. Zudem gilt es zu konstatieren, dass nur die Variablen Zeit und Intervention im Rahmen der zweifaktoriellen Varianzanalyse mit Messwiederholung einen signifikanten Einfluss auf die Lernergebnisse haben. Die Korvariaten hatten keine erhebliche Bedeutung innerhalb der Studie.

Die Ergebnisse dieser Studie deuten darauf hin, dass sowohl die Virtuelle Realität als auch der Frontalunterricht einen positiven Einfluss auf das Lernergebnis haben, jedoch mit unterschiedlichen Auswirkungen zu verschiedenen Messzeitpunkten. Es ist interessant festzustellen, dass die Virtuelle Realität einen nachhaltigeren Effekt zu haben scheint, da der geringere Wissensverlust auch nach 14 Tagen im Retentionszeitraum als signifikant nachgewiesen werden konnte. Diese Ergebnisse stimmen mit der Metaanalyse von Cook et al. überein, die darauf hindeutet, dass die Virtuelle Realität eine Effizienzsteigerung des Lernens bewirkt und vergleichbare oder sogar leicht bessere Lernergebnisse im Vergleich zum herkömmlichen Frontalunterricht erzielt. Es zeigt sich, dass die immersive und interaktive Natur der Virtuellen Realität einen positiven Einfluss auf das Lernverhalten und das Lernergebnis der Probanden hat.

Um den bemerkenswerten Retentionseffekt zwischen T1 und T3 nach der Intervention Virtuelle Realität besser nutzen zu können, sollte die Virtuelle Realität häufiger im Unterrichtsgeschehen eingesetzt werden. Eine Überforderung wie in der ersten Studie ist nicht mehr erkennbar. Diese Betrachtungsweise wird durch die Aussage gestützt, dass laut Heers (2005, S. 36) der Lernerfolg durch Übung und Erfahrungen und den wiederholten Einsatz der Virtuellen Realität noch gesteigert werden kann. Auch kann davon ausgegangen werden, dass durch ein weitreichendes didaktisches Konzept mittels konkreter Lernziele,

Feedbackschleifen und Lernhilfen die Effizienz des VR-Unterricht noch zu steigern ist (Cook et al., 2010, S. 1589 - 1602).

Die Beobachtungen und Rückmeldungen der Auszubildenden bezüglich der plastischen Darstellung und des tieferen Verständnisses durch die Nutzung der Virtuellen Realität sind äußerst positiv. Sie decken sich mit ähnlichen Erfahrungen anderer Bildungseinrichtungen, wie dem Berner Bildungszentrum Pflege. Die Virtuelle Realität bietet tatsächlich eine einzigartige Möglichkeit, anatomische Strukturen auf eine immersive und plastische Weise darzustellen, die mit herkömmlichen Modellen oder Lehrmaterialien nicht möglich ist. (Schlegel & Weber, 2019)

Das Problem der begrenzten Ressourcen, insbesondere bezüglich der Anzahl verfügbarer anatomischer Modelle, ist ein bekanntes Hindernis im traditionellen Unterricht. Die Virtuelle Realität bietet hier eine attraktive Lösung, da sie es ermöglicht, dass alle Kursteilnehmer gleichzeitig Zugang zu den virtuellen Modellen haben und die anatomischen Strukturen aus verschiedenen Blickwinkeln und Eintauchmöglichkeiten erkunden können. Dadurch wird das Lernen individueller und interaktiver gestaltet, was die Lernmotivation und das Verständnis erhöhen kann. (Ferrer-Torregrosa, Torralba, Jimenez, García, & Barcia, 2014)

Ein weiterer Vorteil der Virtuellen Realität ist die Möglichkeit, komplexe und detaillierte anatomische Strukturen darzustellen, die in einem herkömmlichen Kunststoffmodell nicht möglich sind. Die interaktive Natur der VR-Umgebung erlaubt es den Lernenden, sich aktiv mit den anatomischen Strukturen auseinanderzusetzen und sie aus verschiedenen Perspektiven zu betrachten. Dies kann dazu beitragen, ein tieferes Verständnis und eine bessere Vorstellungskraft für die räumliche Anordnung der Organe und ihre Strukturen zu entwickeln.

Die positiven Erfahrungen und Erkenntnisse aus dieser Studie und aus anderen ähnlichen Bildungseinrichtungen legen nahe, dass die Virtuelle Realität eine vielversprechende Lösung für den anatomischen Unterricht sein kann. Es ist wichtig, dass Bildungseinrichtungen und Ausbilder die Potenziale dieser Technologie erkennen und gezielt in den Unterricht integrieren, um den Lernerfolg und das Lernverständnis der Studierenden zu verbessern. Jedoch ist auch wichtig, die Herausforderungen und Beschränkungen der Virtuellen Realität zu beachten. Es besteht die Notwendigkeit einer entsprechenden technischen Infrastruktur und die angemessene Schulung der Ausbilder, um die VR-Umgebung effektiv einzusetzen.

Ein weiterer Vorteil der Virtuellen Realität ist die Möglichkeit, das Erlebte in Echtzeit auf einen Projektor zu übertragen und den Kursteilnehmern aus der "First Person" Sicht zu präsentieren. Dies ermöglicht es dem Lehrer, die Blickrichtung zu ändern und bestimmte Aspekte hervorzuheben, was zu einer interaktiven und ansprechenden Lernerfahrung führt. Die Nutzung von Virtueller Realität im Unterricht kann auch das Neugierverhalten der Lernenden stärken und ihre Motivation erhöhen. Indem sie in einer interaktiven und realistischen Lernumgebung aktiv agieren und die Möglichkeit haben, komplexe Zusammenhänge zu erkunden, fühlen sich die Lernenden befähigt und motiviert, ihr Lernen selbst in die Hand zu nehmen. (Jenewein & Hundt, 2009, S. 14)

Allerdings sollte beachtet werden, dass der Erfolg des Lernens in der Virtuellen Realität nicht allein von der Immersion, dem Präsenzerleben und der Interaktivität abhängt. Die Selbstwirksamkeit der Unterrichtsform und die damit verbundene Motivation der Lernenden sind ebenso entscheidende Faktoren für den Lernerfolg. Es ist wichtig, dass die Lernenden sich selbst als fähig erachten, die VR-Umgebung zu nutzen und von den Möglichkeiten der interaktiven Lernumgebung profitieren zu können.

Die Ergebnisse der vorliegenden Studie stimmen zudem mit den Aussagen von Schlegel, Geering und Weber (2019) überein und bestätigen, dass die Nutzung von Virtueller Realität im Unterricht zu einer erhöhten Lernmotivation führt. Dieser Effekt wurde nicht nur in der aktuellen Studie beobachtet, sondern findet sich auch in anderen Forschungsarbeiten wieder. Die Freude am Lernen durch die neuen Formen des Unterrichts, die die Virtuelle Realität bietet, ist besonders bei der Generation der "Digital Natives" deutlich zu erkennen. Diese Generation ist mit den aktuellen technologischen Möglichkeiten aufgewachsen und zeigt eine hohe Affinität zu digitalen Medien. Die Nutzung von Virtueller Realität im Unterricht spricht daher ihre Interessen an und kann dazu beitragen, ihr Lernverhalten und Lernergebnis zu verbessern.

Angesichts der positiven Ergebnisse und des Potenzials von Virtueller Realität als Unterrichtsmethode ist es ratsam, diese neuen Technologien verstärkt in Bildungseinrichtungen einzusetzen. Die Studie liefert wichtige Erkenntnisse darüber, wie die Virtuelle Realität effektiv genutzt werden kann, um die Lernergebnisse und die Lernmotivation der Teilnehmer zu verbessern. Somit sieht der Autor die erste Hypothese als bestätigt an.

Es ist jedoch wichtig zu betonen, dass weitere Forschung notwendig ist, um die langfristigen Auswirkungen der Nutzung von Virtueller Realität im Unterricht zu untersuchen und um mögliche Herausforderungen und Limitationen dieser Technologie zu identifizieren. Durch kontinuierliche Forschung und Evaluation können Bildungseinrichtungen die Vorzüge der Virtuellen Realität optimal nutzen und die Qualität des Unterrichts weiter verbessern.

5.4.2 Das Lernergebnis konsolidiert sich durch den stetigen Einsatz der Sozialform Virtuelle Realität

In Bezug auf den Abnutzungseffekt oder veränderten Effekt aufgrund der Gewöhnung ist es wichtig, die Ergebnisse über einen längeren Zeitraum zu betrachten. Aus dieser Annahme heraus wurde die Retentionsphase auf 14 Tage erweitert und der Vergleich zur Studie von 2020 gezogen. Es gilt festzuhalten, dass die Probandengruppe aus der Berufsfachschule für Anästhesie- und Operationstechnische Assistenz des Universitätsklinikums Würzburg bereits an der zweiten derartigen Studie teilnimmt und durch die Unterrichtsroutine an die Interventionsform „Virtuelle Realität" gewöhnt ist. Hierdurch lässt sich erklären, dass die Kurve der Lernergebnisse in Unterrichtsform VR ähnlich der Kurve des Frontalunterrichts verläuft, anders als in der Auswertung der Ergebnisse von 2020 (Abschnitt 5.3 Abb.22). In der erwähnten Studie von 2020 wurde festgehalten, dass um den bemerkenswerten Retentionseffekt zwischen T1 und T2 besser nutzen zu können, eine schrittweise Einführung der Virtuellen Realität im Unterrichtsgeschehen sinnvoll sein könnte. Dies könnte den Lernenden die Möglichkeit geben, sich langsam an die neue Technologie zu gewöhnen und sich mit der VR-Umgebung vertraut zu machen, bevor sie komplexe Lerninhalte damit bearbeiten. (Mensch & Backhaus, 2020, S. 87)

Die Befürchtung, dass die Lernenden sich an die VR-Umgebung gewöhnen und der positive Effekt nach einer Weile nachlässt, konnte nicht bestätigt werden. Im Gegenteil, es konnte im Rahmen der innerhalb dieser Arbeit beschriebenen Studie, eine verbesserte Retentionsphase vor allem im Bereich T3 im Verhältnis zum Frontalunterricht festgestellt werden. Daher kann auch die zweite Hypothese als bestätigt betrachtet werden kann.

Ein umfassendes Verständnis der Langzeitwirkungen der Virtuellen Realität im Unterricht ist von großer Bedeutung, um die Effektivität dieser Unterrichtsform besser zu verstehen und sie gezielt in Bildungseinrichtungen einzusetzen. Dabei können auch weitere Faktoren wie das Ausmaß der Interaktion, die Häufigkeit des Einsatzes der VR-Umgebung und die individuellen Lernbedürfnisse der Studierenden berücksichtigt werden.

Insgesamt ist es wichtig, die Potenziale und Grenzen der Virtuellen Realität im Unterricht kontinuierlich zu erforschen und zu evaluieren, um sicherzustellen, dass sie effektiv genutzt wird, um das Lernergebnis und die Motivation der Studierenden nachhaltig zu verbessern. Die Integration von VR-Lernsystemen könnte eine vielversprechende Möglichkeit sein, die Bildungserfahrung der Lernenden zu bereichern und den Wissenserwerb noch ansprechender und effektiver zu gestalten.

6. Fazit und Ausblick

Zusammenfassend zeigt die vorliegende Studie, dass die Nutzung der Virtuellen Realität im theoretischen Unterricht einen signifikanten positiven Einfluss auf die Lernergebnisse hat. Die Ergebnisse unterstützen die Hypothesen, dass die Virtuelle Realität eine effektive Unterrichtsmethode ist und zu einer nachhaltigen Verbesserung der Lernergebnisse führen kann.

Die Vorteile der Virtuellen Realität liegen insbesondere in der plastischen Darstellung von anatomischen Strukturen und dem tieferen Verständnis, das die Auszubildenden durch die immersive Erfahrung erlangen können. Die Möglichkeit, anatomische Details aus verschiedenen Blickwinkeln zu betrachten und sich interaktiv mit den Strukturen auseinanderzusetzen, trägt zu einer besseren Vorstellungskraft und einem tieferen Verständnis bei. Die Ergebnisse decken sich mit ähnlichen Erfahrungen anderer Bildungseinrichtungen, die ebenfalls die positiven Auswirkungen der Virtuellen Realität auf das Lernen bestätigen.

Es wurde auch festgestellt, dass die Nutzung der Virtuellen Realität zu einer erhöhten Lernmotivation der Lernenden führt. Die Freude am Lernen und die Begeisterung für die neue Lernmethode, die die Virtuelle Realität bietet, wurden besonders bei der Generation der "Digital Natives" deutlich.

Ein wichtiger Aspekt, der in der Diskussion hervorgehoben wurde, ist die Notwendigkeit, die Ergebnisse über einen längeren Zeitraum zu betrachten, um den Effekt der Gewöhnung oder der Abnutzung zu berücksichtigen. Die Studie zeigte jedoch, dass ein bemerkenswerter Retentionseffekt zwischen den verschiedenen Messzeitpunkten bei regelmäßiger Nutzung der Virtuellen Realität erhalten bleibt. Um an dieser Erkenntnis anzuknüpfen, wird an der der Berufsfachschule für Anästhesie- und Operationstechnische Assistenz des Universitätsklinikums Würzburg das Portfolio an Virtuellen Verfahren in verschiedenen Immersionsgraden stetig weiterentwickelt. Entsprechend werden weitere 360 Grad Filme produziert und die Visualisierung der Anatomie mittels der App „3d Organon VR Anatomy" vorangetrieben. Ab dem Schuljahr 2023/2024 wird die Berufsfachschule eine Kooperation mit der Firma „stelldirvor" anstreben, so dass professionell erstellte Simulationen mittels SimX in die Klassenzimmer Einzug finden. Bereits heute können die Auszubildenden Situationen nachstellen, die die Betreuung der Patienten im Rahmen endoskopischer Untersuchungen (Virtueller Gastrotutor / VIGATU) simulieren.

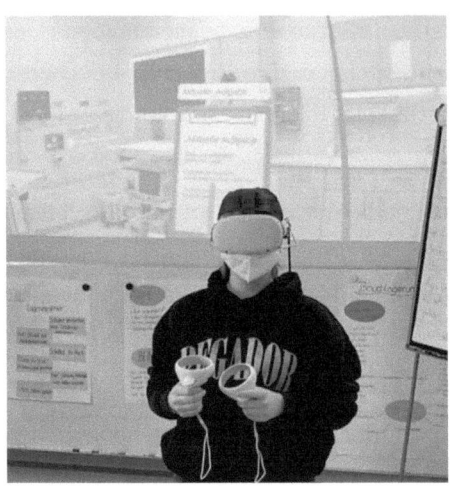

Abbildung 23 Auszubildende in der VIAGTU-Simulation unter Einbezug des Klassenverbandes (eigene Abbildung)

Die Studie bestätigt aber auch die Ergebnisse anderer Forschungsarbeiten, die darauf hindeuten, dass die Virtuelle Realität eine effektive Alternative zum herkömmlichen Frontalunterricht darstellt und vergleichbare oder sogar bessere Lernergebnisse erzielen kann.

Es ist jedoch wichtig zu betonen, dass weitere Forschung notwendig ist, um die Langzeitwirkungen und möglichen Herausforderungen der Nutzung der Virtuellen Realität im Unterricht zu verstehen. Die Integration der Virtuellen Realität in den Unterricht erfordert eine angemessene und praxisnahe Schulung der Lehrenden und die Bereitstellung der notwendigen technischen Infrastruktur.

Insgesamt bietet die Virtuelle Realität eine vielversprechende Möglichkeit, das Lernen zu bereichern und die Bildungserfahrung der Studierenden zu verbessern. Durch weitere Forschung und Evaluation kann die Wirksamkeit dieser Technologie optimiert und gezielt in Bildungseinrichtungen eingesetzt werden, um das Lernergebnis und die Motivation der Lernenden nachhaltig zu fördern.

7. Literaturverzeichnis

Appel, W. (2013). Personaler und Digital Natives. In Appel, W. & Michel-Dittgen, B. (Hrsg.), *Digital Natives; Was Personaler über die Generation Y wissen sollten*. 3 - 10. Springer Gabler.

Backhaus, J., Huth, K., Entwistle, A., Homayounfar, K., & Koenig, S. (2019). Digital Affinity in Medical Students Influences Learning Outcome: A Cluster Analytical Design Comparing Vodcast With Traditional Lecture. *Journal of Surgical Education 76(3)*. 711 - 719. https://doi.org/10.1016/j.jsurg.2018.12.001

Bricken, M. (1990). *A Description of the Human Interface Technology Laboratoryís Virtual Worlds.* Human Interface Technology Laboratory. Seattle: University of Washington Human Interface Technology Laboratory.

Brown, J. (2011). Likert items and scales of measurement? *SHIKEN: JALT Testing & Evaluation SIG Newsletter 15(1)*, 10-14. http://jalt.org/test/PDF/Brown34.pdf

Bundesinstitut für Berufsbildung, (2021). Daten der Berufsbildungsstatistik der statistischen Ämter des Bundes und der Länder. *Datenbank Auszubildende DAZUBI Datenblatt.* https://www.bibb.de/dienst/dazubi/dazubi/data/Z/B/30/5081.pdf

Cook, D. A., Erwin, P., & Triola, M. M. (2010). Computerized Virtual Patients in Health Professions Education: A Systematic Review and Meta-Analysis. (A. o. Colleges, Hrsg.) *Academic Medicine,* 85(10), 1589 - 1602. https://www.insights.ovid.com/crossref?an=00001888-201010000-00016

Dingfeld, K., Fricke, L., & Vergöhl, F. (2020). *Lehr- und Lernräume für Studierende Gestalten - Anforderungen und Perspektiven.* De Gruyter. https://doi.org/10.1515/9783110653663-018

DLR Projektträger Europäische und Internationale Zusammenarbeit Arbeitsgruppe „Internationalisierung der Berufsbildung". (2019). *Berufsbildung International Digitalisierung.* (H. Barske, M. Bockhold, & R. Valier, Hrsg.) AZ Druck. https://www.berufsbildung-international.de/files/IBB_Publikation_02-19_Digitalisierung_web.pdf

Dörner, R., Broll, W., Grimm, P., & Jung, B. (2019). *Virtual und Augmented Reality (VR/AR)* (2 Aufl.). Springer Vieweg. https://doi.org/10.1007/978-3-662-58861-1

Ferrer-Torregrosa, J., Torralba, J., Jimenez, M., García, S., & Barcia, J. (2014). ARBOOK: Development and Assessment of a Tool Based on Augmented Reality for Anatomy. *Journal of Science Education and Technology. (249).* 119 – 124. https://doi.org/10.1007/s10956-014-9526-4

Gudjons, H. (2011). *Frontalunterricht - neu entdeckt; Integration in offene Unterrichtsformen* (3 Aufl.). Julius Klinikhardt.

Heers, R. (2005). *Being There Untersuchungen zum Wissenserwerb in virtuellen Umgebungen.* Fakultät für Informations- und Kognitionswissenschaften der Eberhard-Karls-Universität Tübingen. https://publikationen.uni-tuebingen.de/xmlui/bitstream/handle/10900/48724/pdf/Diss_Heers.pdf?sequence=1

Hellriegel, J., & Čubela, D. (2018). Das Potenzial von Virtual Reality für den schulischen Unterricht - Eine konstruktivistische Sicht. *MedienPädagogik: Zeitschrift für Theorie und Praxis der Medienbildung.* 58 - 80. https://doi.org/10.21240/mpaed/00/2018.12.11.X

Herrmann, U. (2009). *Neurodidaktik* (2 Aufl.). Beltz Verlag.

Jenewein, K., & Hundt, D. (2009). *Wahrnehmung und Lernen in virtueller Realität – Psychologische Korrelate und exemplarisches Forschungsdesign.* IBBP-Arbeitsbericht Nr. 67, Otto-von-Guericke-Universität Magdeburg, Fakultät für Geistes-, Sozial- und Erziehungswissenschaften Institut für Berufs- und Betriebspädagogik (IBBP). http://www.bwp.ovgu.de/inibbp_media/Downloads/Institut/Fo rschung/Forschungsbericht_67_IBBP_OVGU.pdf

Jenewein, K., & Schulz, T. (2006). Didaktische Potentiale des Lernens mit interaktiven VR--Systemen, dargestellt am Training des Instandhaltungspersonals mit dem virtuellen System „Airbus A320". In G. f. V. *Kompetenzentwicklung in realen und virtuellen Arbeitssystemen* (S. 323 - 326). GfA-Press.

Kennedy, R. S., Lane, N. E., Berbaum, K. S., & Lilienthal, M. G. (1993). Simulator Sickness Questionnaire: An Enhanced Method. *The International Journal of Aviation Psychology* (3). 203-220. https://doi.org/10.1207/s15327108ijap0303_3

Knief, U., & Forstmeier, W. (2021). Violating the normality assumption may be the lesser of two evils. In *Behavior Research Methods, 53(6).* 2576-2590. https://doi.org/10.3758/s13428-021-01587-5

Kolasinski, E. (1995). Simulator Sickness in Virtual Enviroments; Technical Report No. 1027. (U. R. Sciences, Hrsg.) http://www.stinet.dtic.mil/cgi-bin/GetTRDoc?AD=ADA295861&Location=U2&doc=GetTR Doc.pdf

Kolb, D. A. (1984). Experiential learning: experience as the source of learning and development. (P. Hall, Hrsg.) Englewood Cliffs, NJ.

https://www.researchgate.net/profile/David_Kolb/publication/
235701029_Experiential_Learning_Experience_As_The_So
urce_Of_Learning_And_Development/links/00b7d52aa9085
62f9f000000/Experiential-Learning-Experience-As-The-
Source-Of-Learning-And-Development.pdf?

Kultusministerkonferenz. (2016). Bildung in der digitalen Welt
Strategie der Kultusministerkonferenz. *Strategie der
Kultusministerkonferenz „Bildung in der digitalen Welt".*
(Kultusministerkonferenz, Hrsg.)
https://www.kmk.org/fileadmin/Dateien/pdf/PresseUndAktuell
es/2018/Digitalstrategie_2017_mit_Weiterbildung.pdf

Kultusministerkonferenz. (2021). Lehren und Lernen in der digitalen
Welt - *Ergänzung zur Strategie der Kultusministerkonferenz
„Bildung in der digitalen Welt".* (Kultusministerkonferenz,
Hrsg.)
https://www.kmk.org/fileadmin/veroeffentlichungen_beschlue
sse/2021/2021_12_09-Lehren-und-Lernen-Digi.pdf

Kultusministerkonferenz. (2021). Positionspapier zur Initiative Digitale
Weiterbildung - *Beschluss der Kultusministerkonferenz vom
09.09.2021.* 1-9. (Kultusministerkonferenz, Hrsg.).
https://www.kmk.org/fileadmin/veroeffentlichungen_beschlue
sse/2021/2021_09_09-Digitale-Weiterbildung.pdf

Laarni, J. (2003). *Measuring spatial presence. Presentation in
Seminar on Perception and User Interfaces.* Universitiy of
Finland.

Lakens, D., & Caldwell, A. (2021). Simulation-based power analysis
for factorial analysis of variance designs. *Advances in
Methods and Practices in Psychological Science, 4(1).*
https://doi.org/10.1177/2515245920951503

Malim, T. (1994). *Cognitive Processes Attention, Perception, Memory,
Thinking and Language.* The Macmillan Press Ltd.

Mandl, H., Reinmann-Rothmeier, G., & Gräsel, C. (1998). *Gutachten zur Vorbereitung des Programms "Systematische Einbeziehung von Medien, Informations- und Kommunikationstechnologien in Lehr- und Lernprozesse".* BLK Bund-Länder-Kommision für Bildungsplanung un Forschungsförderung. https://www.researchgate.net/publication/29745283_Gutacht en_zur_Vorbereitung_des_Programms_Systematische_Einb eziehung_von_Medien_Informations- _und_Kommunikationstechnologien_in_Lehr- _und_Lernprozesse

Mensch, F., & Backhaus, J. (2020). *Virtuelle Realität, die Zukunft des Lernens; Eine Lernergebnisstudie in der Ausbildung zum Operationstechnischen Assistenten* Pädagogische Praxisimpulse (Bd. 5). (T. Prescher, Hrsg.) BoD – Books on Demand.

Meyer, H. (2017). *Unterrichtsmethoden II Praxisband* (15 Ausg.). Cornelsen

Meyer, H. (2019). *Unterrichtsmethoden I Theorieband* (18 Ausg.). Cornelsen

Möltner, A., Schellberg, D., & Jünger, J. (2006). Grundlegende quantitative Analysen medizinischer Prüfungen - Basic quantitative analyses of medical examinations. *GMS Zeitschrift für Medizinische Ausbildung*, 1 - 11. https://www.medizinische-fakultaet-hd.uni- heidelberg.de/fileadmin/kompzent/Moeltner_Quantitative_An alysen.pdf

Moreno, R., & Mayer, R. E. (2002). Learning Science in Virtual Reality Multimedia Environments: Role of Methods and Media. (A. P. Association, Hrsg.) *Journal of Educational Psychology* 94 (3), 598 - 610. https://www.learntechlib.org/p/96648/.

Niedermeier, S., & Müller-Kreiner, C. (2019). VR/AR in der Lehre!? Eine Übersichtsstudie zu Zukunftsvisionen des digitalen Lernens aus der Sicht von Studierenden. (D.I. Bildungsinformation, Hrsg.) http://www.nbn-resolving.de/urn:nbn:de:0111-pedocs-180489

Quilling, K. (2015). *Lernstile und Lerntypen.* https://www.die-bonn.de/wb/2015-lernstile-01.pdf

Rasch, D., & Guiard, V. (2004). The robustness of parametric statistical methods. *Psychology Science*(46), 175-208.

Rasch, D., Kubinger, K., & Moder, K. (2011). The two-sample t test: pre-testing its assumptions does not pay off. *Statistical papers, 52(1).* 219. https://doi.org/10.1007/s00362-009-0224-x

Rheingold, H. (1992). *Virtuelle Welten. Reisen im Cyberspace.* Rowohlt.

Royall, R. (1986). The effect of sample size on the meaning of significance tests. *The American Statistician, 40(4)*, 313 - 315. https://doi.org/10.1080/00031305.1986.10475424

Schaper, N. (2000). *Gestaltung und Evaluation arbeitsbezogener Lernumgebungen.* (N. Schaper, Hrsg.) forschungsnetzwerk.at. http://www.forschungsnetzwerk.at/downloadpub/Schaper_G estaltung_Evaluation_arbeitsbezogener_Lernumgebungen_ 2000_Habilitationsschrift.pdf

Schiefele, U., & Pekrun, R. (1996). Psychologische Modelle des fremdgesteuerten und selbstgesteuerten Lernens. In F. E. Weinert (Hrsg.), *Psychologie des Lernens und der Instruktion* (Bd. 2). 249–278. Hogrefe.

Schlegel, C., & Weber, U. (2019). Lernen mit Virtual Reality: Ein Hype in der Pflegeausbildung? *Pädagogik der Gesundheitsberufe* (3/2019), 182 - 186. https://doi.org/10293.000/30000-1711

Schlegel, C., Geering, A., & Weber, U. (2019). Virtuelle Realität verbessert die Wirklichkeit. *PFLEGE Zeitschrift* (1-2/2020). 57 - 60. https://doi.org/10.1007/s41906-019-0231-z

Schulz, W. (1965). Unterricht – Analyse und. In Heimann P., Otto G., & Schulz W. (Hrsg.), *Unterricht – Analyse und Planung* (13-47). Schroedel.

Schünke, M., Schulte , E., Schumacher, U., Voll, M., & Wesker, K. (2022). *Prometheus LernAtlas - Innere Organe* (6. Aufl.). Thieme. https://doi.org/10.1055/b000000614

Schünke, M., Schulte, E., Schumacher, U., Voll, M., & Wesker, K. (2022). *Prometheus LernAtlas - Kopf, Hals und Neuroanatomie* (6.Aufl). Thieme. https://doi.org/10.1055/b000000615

Schwan, S., & Buder, J. (2006). *Virtuelle Realität und E-Learning.* https://www.e-teaching.org/didaktik/gestaltung/vr/vr.pdf

Siegfried, C., & Hermkes, R. (2020). Tablet PCs in Economic Classes - An Empirical Study on Motivational Experiences an Cognitive Load. In Wuttke E., Seifried J., & H. Niegemann H. (Hrsg.), *Vocational Education an Training in the Age of Digitization-Challenges and Opportunitis*. 63-89. Barbara Budrich. https://doi.org/10.3224/84742432

Steuer, J. (12 1992). Defining Virtual Reality: Dimensions Determining Telepresence. (I. C. Association, Hrsg.) *Journal of Communication, 42*(4), S. 73-93. doi: https://doi.org/10.1111/j.1460-2466.1992.tb00812.x

Strang, K. (2009). Using recursive regression to explore nonlinear relationships and interactions: A tutorial applied to a multicultural education study. *Practical Assessment, Research, and Evaluation, Vol. 14, Art. 3*, 1 - 13. doi:10.7275/qcgb-m092

Zender, R., Weise, M., Heyde, M. v., & Söbke, H. (2018). Lehren und
Lernen mit VR und AR – Was wird erwartet? In Schiffner D.
(Hrsg.), *Proceedings of DeLFI Workshops 2018 co-located
with 16th e-Learning Conference of the German Computer
Society (DeLFI 2018).* 12. http://www.ceur-ws.org/Vol-
2250/WS_VRAR_paper5.pdf

Zinn, B., Tenberg, R., & Pittich, D. (2019). Editorial: Lehren und
Lernen zwischen Virtualität und Realität. *Journal of
Technical Education 7 (1).* http://www.journal-of-technical-
education.de/index.php/joted/article/view/182/171

8. Anhang

8.1 Anhang A: Pseudonymisierung

Sequenzielle Studie Frontalunterricht vs. Virtuelle Realität

Pseudonymisierung:

<u>Pro Kästchen nur ein Zeichen (Buchstabe bzw. Zahl)!</u>

Umlaute bitte, als 2 Buchstaben bei Zählung werten!

z.B Würzburg -> Wuerzburg -> dritter Buchstabe = e

Geburtsort: dritter Buchstabe

Alter: Bitte addieren sie die einzelnen Stellen Ihres Geburtsdatums

z.B. 0+8+0+1+1+9+7+9 = 35

Wenn das Ergebnis 1-stellig ist, tragen Sie es bitte in das rote Käschen eine 0 ein

Vorname der leiblichen Mutter: dritter Buchstabe

Personalausweis: sechste Stelle der Ident. Nummer

Die ersten beiden Buchstaben des Ortes Ihrer Einschulung

Ggf. 0

1. Buchstabe
2. Buchstabe

Mein Pseudonymisierungscode:

8.2 Anhang B: Information zur Studie für Probanden

Information zur Studie

„Lernergebnis bei unterschiedlichen Lehrmethoden"

Sequenzielle Studie Frontalunterricht vs. Virtuelle Realität

Sehr geehrte Auszubildende,

Wir führen eine Studie zur Ausbildungsforschung durch, in der die Auswirkungen auf das Lernergebnis durch moderne Lehrmethoden wissenschaftlich untersucht werden sollen.

Dazu möchten wir Sie während des Unterrichtsblockes zur Einschätzung Ihrer Erfahrung mit den verschiedenen Unterrichtsmethoden befragen. Wir werden Ihnen Fragebögen vorlegen und Sie darum bitten, diese auszufüllen. Ferner möchten wir Ihre Leistungsergebnisse (Klausuren) mit den Fragebögen verknüpfen, um dadurch besser abzuschätzen, ob es Unterschiede in der Bewertung der Unterrichtsmethoden gibt und in wie fern sich das Lernergebnis verändert.

Ziel der Untersuchung ist es nicht, Ihre persönlichen Leistungen zu bewerten, sondern die aufgestellten wissenschaftlichen Hypothesen zu überprüfen, sowie Effekte und mögliche Hindernisse der virtuellen Realität systematisch zu analysieren. Es ist uns wichtig zu erfahren, welche Unterrichtsform Ihnen den größeren Lerneffekt gebracht hat und welche Erkenntnisse Sie daraus erlangt haben. Aus Ihrer Einschätzung und den Tests möchten wir Verbesserungsmöglichkeiten für zukünftige Unterrichtsmethoden ableiten, um damit die gesamte Ausbildung zu optimieren und diese Methode für die zukünftigen Ausbildungsjahrgänge zu adaptieren.

Die Fragebögen werden durch einen individuellen Code pseudonymisiert und an die Teilnehmenden verteilt. Daraufhin führt der Studienleiter die Leistungsdaten mit dem jeweiligen Pseudonym zusammen. Durch Entfernen der individuellen Nummer wird die Datei anschließend anonymisiert. Die Durchführung der Studie geschieht auf der Grundlage der Datenschutzgrundverordnung. Der Erhebende der Daten unterliegt der Schweigepflicht und ist dem Datengeheimnis verpflichtet. Die Arbeit dient allein wissenschaftlichen Zwecken. Alle im Studienverlauf erhobenen Daten werden auf gesicherten Speichermedien hinterlegt und vertraulich behandelt.

Die Einwilligung ist freiwillig und kann jederzeit und ohne Angabe von Gründen von Ihnen widerrufen werden. Wenn Sie sich gegen eine Teilnahme entscheiden, entstehen Ihnen hieraus keine Nachteile.

Kurz gesagt: diese Studie hat keinen Einfluss auf Ihre Notengebung, sie findet pseudonymisiert statt und dient der Evaluation

Ich bedanke mich für Ihre Bereitschaft, an dieser Studie teilzunehmen.

Felix Mensch

Studienleiter

134

8.3 Anhang C: Einwilligung zur Studie für Probanden

Einwilligung zur Studie

„Lernergebnis bei unterschiedlichen Lehrmethoden"

Sequenzielle Studie Frontalunterricht vs. Virtuelle Realität

Mit Ihrer Teilnahme an der Sequenziellen Studie

„Lernergebnis bei unterschiedlichen Lehrmethoden"

Frontalunterricht vs. Virtuelle Realität erteilen Sie Ihre Einwilligung in die Verarbeitung personenbezogener Daten durch das Universitätsklinikum Würzburg.

Universitätsklinikum Würzburg (UKW), Anstalt des öffentlichen Rechts, Josef-Schneider-Straße 2, 97080 Würzburg, Tel.: 0931-201-0, oder E-Mail: info@ukw.de.

Das UKW hat einen Datenschutzbeauftragten bestellt. An ihn können Sie sich mit allen Anliegen rund um Ihre Daten wenden oder auch mit einer Beschwerde über Datenschutzverstöße. Seine Kontaktdaten lauten wie folgt:

Datenschutzbeauftragter des Universitätsklinikums Würzburg, Josef-Schneider-Straße 11, 97080 Würzburg, E-Mail: datenschutz@ukw.de.

Zudem haben Sie das Recht auf Beschwerde bei der Datenschutzaufsichtsbehörde. Für das UKW ist dies der Bayerische Landesbeauftragte für den Datenschutz, Postfach 22 12 19, 80502 München, E-Mail: poststelle@datenschutz-bayern.de

Gemäß der DSGVO ergeben sich für Sie folgende Rechte, bezogen auf die Ihre personenbezogenen Daten:

- Sie haben das Recht auf Widerruf. Ihre personenbezogenen Daten werden in diesem Fall gelöscht. Die Rechtmäßigkeit der Verarbeitung dieser Daten bis zum Zeitpunkt Ihres Widerrufs wird dadurch nicht berührt.

- Sie haben im Grundsatz das Recht auf Auskunft. Sollten unrichtige personenbezogene Daten verarbeitet werden, haben Sie ein Recht auf Berichtigung. Bei Vorliegen der gesetzlichen Voraussetzungen können Sie die Löschung personenbezogener Daten, die Einschränkung der Verarbeitung oder die Datenübertragung verlangen, sowie Widerspruch gegen die Verarbeitung einlegen. Sollten Sie diese Rechte gegenüber dem UKW geltend machen, wird geprüft, ob die gesetzlichen Voraussetzungen erfüllt sind.

Einwilligungserklärung für Auszubildende zur Studie

„Lernergebnis bei unterschiedlichen Lehrmethoden"

Sequenzielle Studie Frontalunterricht vs. Virtuelle Realität

Bitte eintragen: *

Pseudonym:	
Nachname:	
Vorname:	

*Diese personenbezogenen Angaben werden separat aufbewahrt und dienen lediglich der Einwilligungserklärung.

Ich wurde von der Projektkoordination vollständig über Wesen, Bedeutung und Tragweite der Studie aufgeklärt. Ich hatte die Möglichkeit, Fragen zu stellen und habe, falls erforderlich Antworten erhalten und diese verstanden.

Die Verwendung meiner Angaben setzt vor der Teilnahme an der Studie folgende freiwillig abgegebene Einwilligungserklärung voraus, d.h. ohne die nachfolgende Einwilligung kann ich nicht an der Studie teilnehmen.

Ich willige damit ein, dass im Rahmen dieser Studie erhobene Daten in Papierform und auf elektronischen Datenträgern aufgezeichnet werden. Die Datenerhebung erfolgt pseudonymisiert, die Auswertung erfolgt dann ohne Rückführbarkeit auf Ihre Person. Die Daten sind vor unberechtigtem Zugriff geschützt. Die Einwilligung kann jederzeit ohne Angabe von Gründen widerrufen werden.

Ich habe die Informationen zur Studie erhalten. Hiermit willige ich in die Teilnahme an der Studie ein.

Würzburg, den

_____   _____
Ort und Datum   Unterschrift des Studienteilnehmenden

Würzburg, den

_____   _____
Ort und Datum   Unterschrift des Studienverantwortlichen

8.4 Anhang D: Prä-Fragebogen

Bitte kreuzen Sie an:

Sie sind

weiblich ◯ männlich ◯ divers ◯

Alter: _____

Vorerfahrung Schule / Ausbildung:

Höchster erreichter Schulabschluss: _____

Medizinische Vorbildung

Ja ◯ welche: _____

Nein ◯

Ausbildungsjahr

1 ◯ 2 ◯ 3 ◯

OP - Einsatz in der Viszeral Chirurgie bereits erfolgt

Ja ◯ Nein ◯

Wie können Sie effektiv lernen? Bitte schätzen Sie sich ein.

In Lerngruppen, wenn ich Themen anderen erklären und mit ihnen darüber diskutieren kann

stimme überhaupt nicht zu	1	2	3	4	5	stimme voll zu

Durch Aufschreiben (z.B. Mitschriften und eigene Zusammenfassung).

stimme überhaupt nicht zu	1	2	3	4	5	stimme voll zu

Wenn ich mein eigenes Tempo bestimmen kann.

stimme überhaupt nicht zu	1	2	3	4	5	stimme voll zu

Durch Zuhören (z.B. Vorlesung, Podcasts)

stimme überhaupt nicht zu	1	2	3	4	5	stimme voll zu

Durch visuelle Veranschaulichung (z.B. Abbildungen, Grafiken und Tabellen)

stimme überhaupt nicht zu	1	2	3	4	5	stimme voll zu

Durch bewegte Bilder (z.B. Clips, Videos)

stimme überhaupt nicht zu	1	2	3	4	5	stimme voll zu

Vorerfahrung Virtuelle Realität:

Ich hatte bereits Kontakt zur Virtuellen Realität

Ja ◯   Nein ◯

Ich habe bereits in der Virtuellen Realität gespielt

Ja ◯   Nein ◯

Ich habe bereits Filme in der Virtuellen Realität gesehen

Ja ◯   Nein ◯

Ich hatte bereits Unterricht mittels der Virtuellen Realität

Ja ◯   Nein ◯

Bitte schätzen Sie ihre Digitale Kompetenz / Affinität ein

Ich bin ein technikbegeisterter Mensch

stimme überhaupt nicht zu	1	2	3	4	5	stimme voll zu

Ich kann Smartphones und Tablets gut bedienen

stimme überhaupt nicht zu	1	2	3	4	5	stimme voll zu

Ich lese gerne digital (E-Books, Texte im Display)

stimme überhaupt nicht zu	1	2	3	4	5	stimme voll zu

Soziale Netzwerke (z.B. Facebook, Instagram, Snapchat, TikTok) spielen für mich eine wichtige Rolle

140

stimme überhaupt nicht zu	1	2	3	4	5	stimme voll zu

Ich schaue mir gerne Filme an (z.B. Kino, TV, YouTube)

stimme überhaupt nicht zu	1	2	3	4	5	stimme voll zu

Ich verwende Computer/Tablets/Smartphones in vielen Bereichen meines Alltags

stimme überhaupt nicht zu	1	2	3	4	5	stimme voll zu

Ich sehe mir lieber Videos an, als Texte zu lesen

stimme überhaupt nicht zu	1	2	3	4	5	stimme voll zu

Ich kann mir Inhalte durch Videos leichter merken als durch geschriebene Texte

stimme überhaupt nicht zu	1	2	3	4	5	stimme voll zu

Ich komme in der „Virtuellen Realität" gut klar

stimme überhaupt nicht zu	1	2	3	4	5	stimme voll zu

Der Umgang mit unbekannten digitalen Medien fällt mir leicht

stimme überhaupt nicht zu	1	2	3	4	5	stimme voll zu

8.5 Anhang E: Fragebogen Post-Test Frontal-unterricht

Der Unterricht fördert mein Interesse am Themengebiet

stimme überhaupt nicht zu	1	2	3	4	5	stimme voll zu

Die Möglichkeiten der Mitgestaltung und Diskussion waren gegeben

stimme überhaupt nicht zu	1	2	3	4	5	stimme voll zu

Der Unterricht verdeutlicht die Verwendbarkeit und den Nutzen des behandelten Stoffes in der Praxis

stimme überhaupt nicht zu	1	2	3	4	5	stimme voll zu

Die Art, wie der Unterricht gestaltet ist, trägt zum Verständnis des Stoffes bei.

stimme überhaupt nicht zu	1	2	3	4	5	stimme voll zu

Der Unterrichtsmethode fördert mein Interesse am Themengebiet

stimme überhaupt nicht zu	1	2	3	4	5	stimme voll zu

Der Unterrichtsmethode erleichtert es mir, das Vermittelte zu verstehen

stimme überhaupt nicht zu	1	2	3	4	5	stimme voll zu

Der Unterrichtsmethode erleichtert es mir, das Vermittelte zu lernen

stimme überhaupt nicht zu	1	2	3	4	5	stimme voll zu

8.6   Anhang F: Erwartungshorizont / Blanco Test Formular Frontalunterricht

„Lernergebnis bei unterschiedlichen Lehrmethoden"

Sequenzielle Studie Frontalunterricht vs. Virtuelle Realität

Standardisierte Wissensabfrage Schilddrüse bei T0, T1, T2, T3

7-stelliges Pseudonym:

1.   Bitte Schriften Sie genau die Anatomischen Strukturen inklusive der arteriellen, venösen und lymphatischen Versorgung:

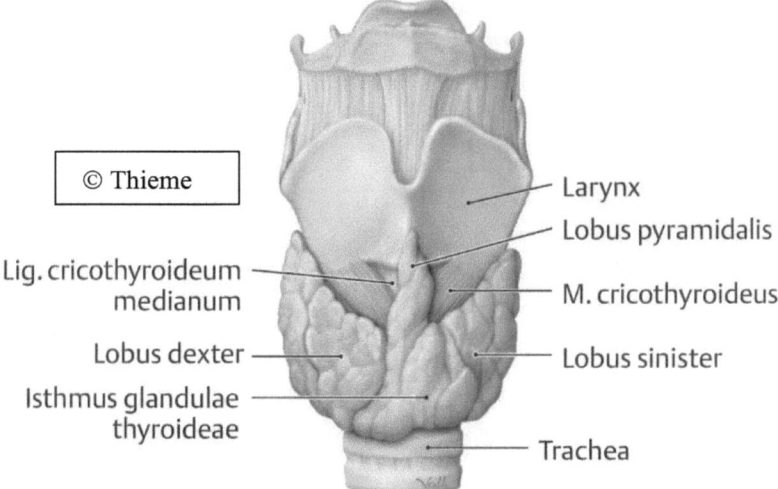

Abbildung 24 Aufbau der Schilddrüse (Schünke, Schulte, Schumacher, Voll, & Wesker, 2022, S. 212)

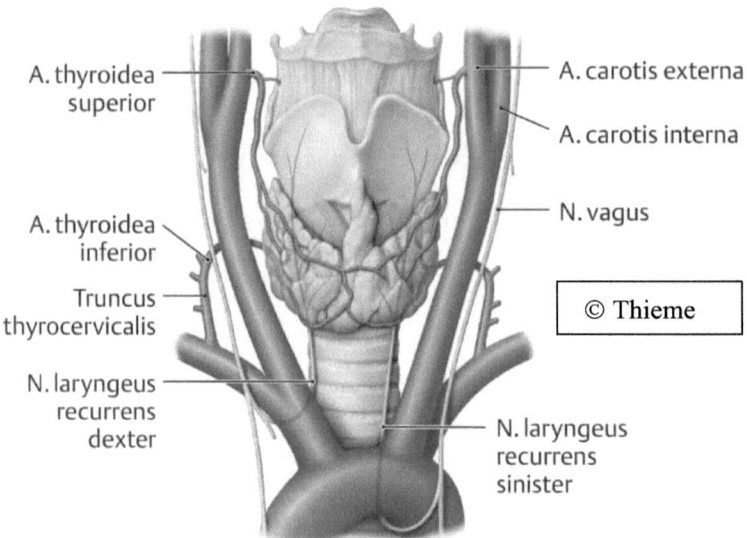

A. thyroidea superior

A. carotis externa

A. carotis interna

N. vagus

A. thyroidea inferior

Truncus thyrocervicalis

© Thieme

N. laryngeus recurrens dexter

N. laryngeus recurrens sinister

Abbildung 25 Gefäßversorgung von Schilddrüse und Nebenschilddrüsen 1 (Schünke, Schulte, Schumacher, Voll, & Wesker, 2022, S. 213)

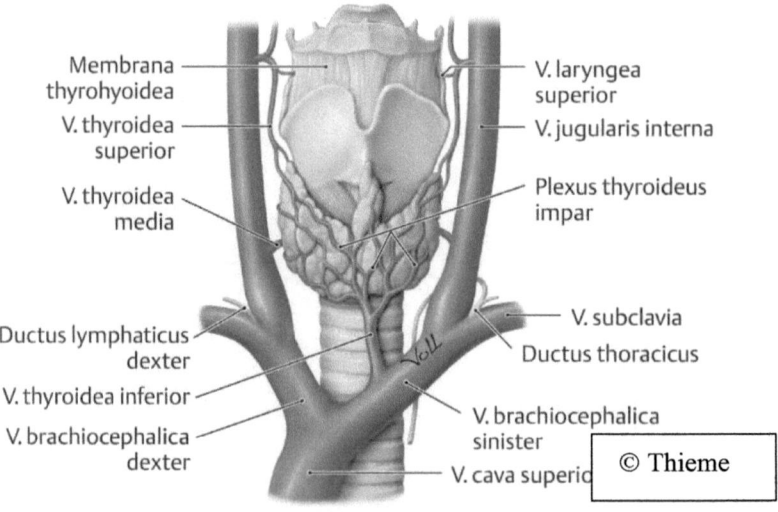

Membrana thyrohyoidea

V. thyroidea superior

V. thyroidea media

V. laryngea superior

V. jugularis interna

Plexus thyroideus impar

V. subclavia

Ductus lymphaticus dexter

V. thyroidea inferior

V. brachiocephalica dexter

Ductus thoracicus

V. brachiocephalica sinister

V. cava superior

© Thieme

Abbildung 26 Gefäßversorgung von Schilddrüse und Nebenschilddrüsen 2 (Schünke, Schulte, Schumacher, Voll, & Wesker, 2022, S. 213)

2. Beschreiben Sie in terminologisch korrekt die Lage, das Aussehen und die Größe der Schilddrüse

Abschnitte, Form und Gewicht

Die rötlich-braun gefärbte Schilddrüse hat eine H-Form: Zwei Seitenlappen (**Lobus dexter** und **sinister**) von meist unterschiedlicher Größe werden durch einen queren **Isthmus** verbunden. Zusätzlich kann ein vom Isthmus ausgehender **Lobus pyramidalis** vorhanden sein, der sich teilweise bis zum Zungenbein und höher erstreckt. Die Schilddrüse wiegt beim Erwachsenen etwa 18–30 g. Bei Frauen ist sie meist etwas schwerer und ändert ihr Gewicht geringfügig mit dem Zyklus.

Lage und Nachbarschaftsbeziehungen

► Die Schilddrüse liegt an der Vorder- und Seitenfläche der **Trachea** hinter dem mittleren Blatt der Halsfaszie (**Lamina pretrachealis**). Vor ihr ziehen die Mm. sternohyoidei und sternothyroidei nach kaudal.

► Die Schilddrüse liegt an der Vorder- und Seitenfläche der Trachea hinter dem mittleren Blatt der Halsfaszie (Lamina pretrachealis). Vor ihr ziehen die Mm. sternohyoidei und sternothyroidei nach kaudal.

► Ihr Isthmus befindet sich in Höhe des 2.–3. Trachealknorpels, während die beiden Seitenlappen kranial bis zum Unterrand des Kehlkopfs und kaudal bis in Höhe der oberen Thoraxapertur reichen. Dorsal erstrecken sie sich bis an das tiefe Blatt der Halsfaszie (Lamina prevertebralis) und stehen mit dem Ösophagus und der A.carotis communis in Kontakt.

► Da die Schilddrüse über ihre Capsula fibrosa mit den Eingeweidefaszien von Trachea, Ösophagus und Gefäß-Nerven-Strang des Halses verbunden ist, folgt sie beim Schlucken den Bewegungen der Trachea und des Kehlkopfs im Gleitraum zwischen prävertebraler und prätrachealer Halsfaszie, was man sich bei ihrer Palpation im Rahmen der klinischen Untersuchung zunutze macht.

► Die Schilddrüse ist außen von einer Capsula fibrosa (Capsula externa, „chirurgische Kapsel") umgeben, die sich nach innen als Organkapsel (Capsula interna) fortsetzt.

► Zwischen den beiden Kapseln liegen die größeren Blutgefäße und als weitere endokrine Drüsen die Epithelkörperchen (Glandulae parathyroideae).

Gesamt 50/

„Lernergebnis bei unterschiedlichen Lehrmethoden"

Sequenzielle Studie Frontalunterricht vs. Virtuelle Realität

Standardisierte Wissensabfrage Schilddrüse bei T0, T1, T2; T3

7-stelliges Pseudonym:

☐☐ ☐ ☐ ☐ ☐ ☐

1. Bitte Schriften Sie genau die Anatomischen Strukturen inklusive der arteriellen, venösen und lymphatischen Versorgung:

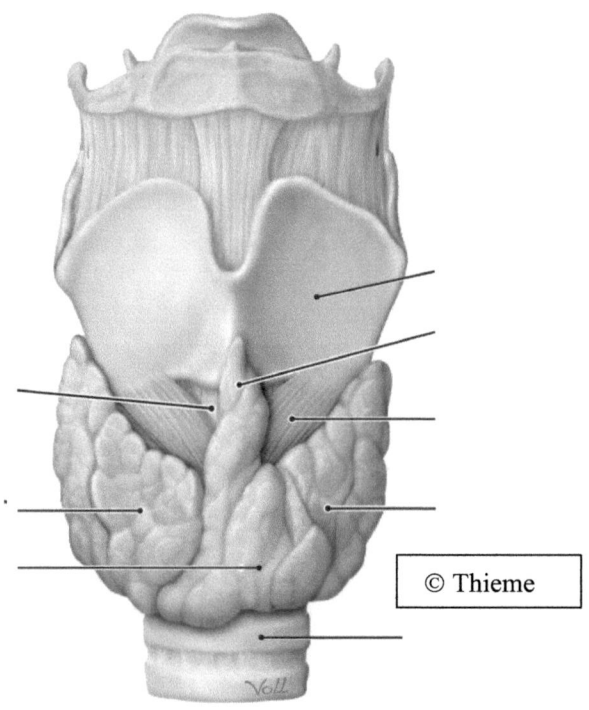

© Thieme

Abbildung 27 Aufbau der Schilddrüse Blanco (Schünke, Schulte, Schumacher, Voll, & Wesker, 2022, S. 212)

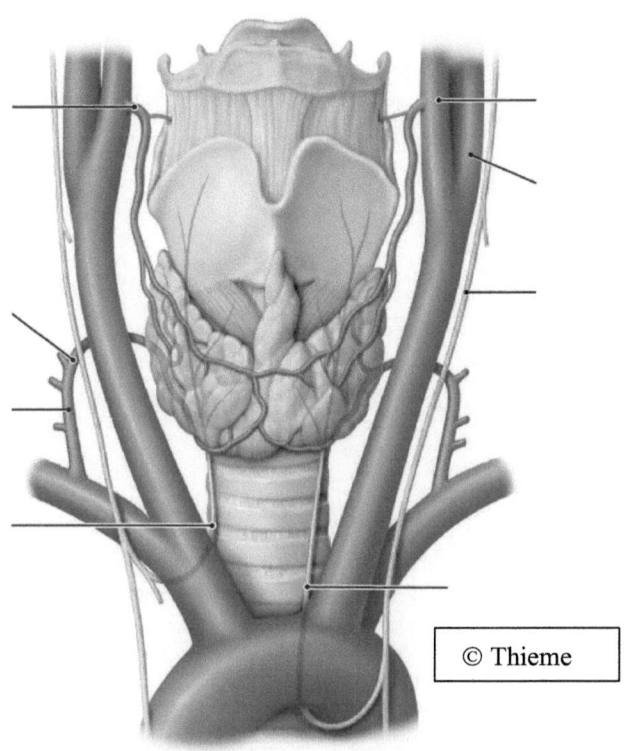

Abbildung 28 Gefäßversorgung von Schilddrüse und Nebenschilddrüsen Blanco 1 (Schünke, Schulte, Schumacher, Voll, & Wesker, 2022, S. 213)

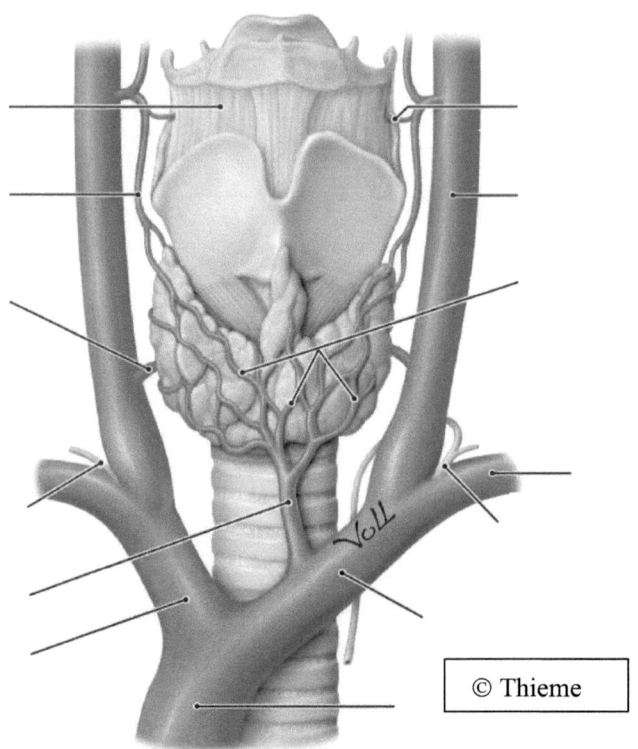

© Thieme

Abbildung 29 Gefäßversorgung von Schilddrüse und Nebenschilddrüsen Blanco 2 (Schünke, Schulte, Schumacher, Voll, & Wesker, 2022, S. 213)

2. Beschreiben Sie in terminologisch korrekt die Lage, das Aussehen und die Größe der Schilddrüse

8.7 Anhang G: Fragebogen Post-Test Virtuelle Realität

Der Unterricht fördert mein Interesse am Themengebiet

stimme überhaupt nicht zu	1	2	3	4	5	stimme voll zu

Die Möglichkeiten der Mitgestaltung und Diskussion waren gegeben

stimme überhaupt nicht zu	1	2	3	4	5	stimme voll zu

Der Unterricht verdeutlicht die Verwendbarkeit und den Nutzen des behandelten Stoffes in der Praxis

stimme überhaupt nicht zu	1	2	3	4	5	stimme voll zu

Die Art, wie der Unterricht gestaltet ist, trägt zum Verständnis des Stoffes bei.

stimme überhaupt nicht zu	1	2	3	4	5	stimme voll zu

Der Unterrichtsmethode fördert mein Interesse am Themengebiet

stimme überhaupt nicht zu	1	2	3	4	5	stimme voll zu

Der Unterrichtsmethode erleichtert es mir, das Vermittelte zu verstehen

stimme überhaupt nicht zu	1	2	3	4	5	*stimme voll zu*

Der Unterrichtsmethode erleichtert es mir, das Vermittelte zu lernen

stimme überhaupt nicht zu	1	2	3	4	5	*stimme voll zu*

Es ist mir leichtgefallen, mich in der Virtuellen Realität zu orientieren

stimme überhaupt nicht zu	1	2	3	4	5	*stimme voll zu*

8.8 Anhang H: Erwartungshorizont / Blanco Test Formular Virtuelle Realität

Standardisierte Wissensabfrage Herz bei T0, T1, T2, T3

7-stelliges Pseudonym:

1. Bitte beschriften Sie genau die Anatomischen Strukturen inklusive der arteriellen, venösen Versorgung:

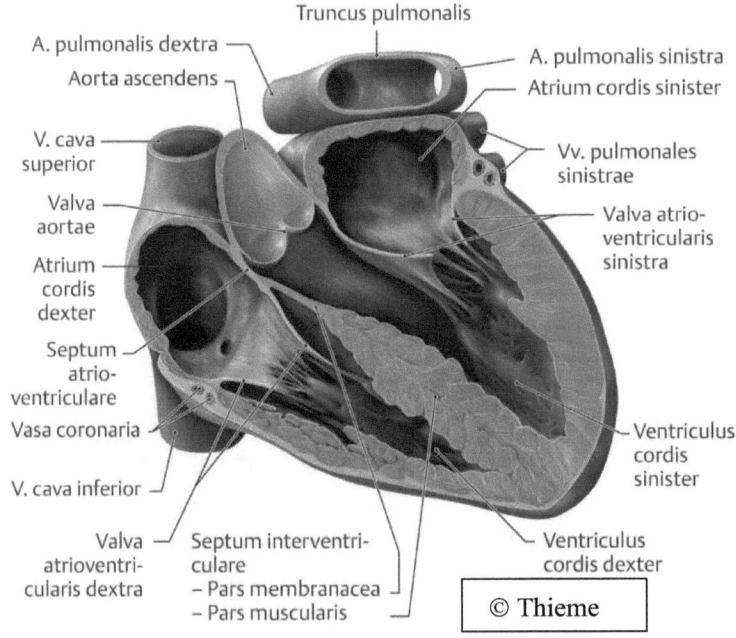

Abbildung 30 4-Kammernschnitt Herz (Schünke, Schulte , Schumacher, Voll, & Wesker, 2022, S. 104)

155

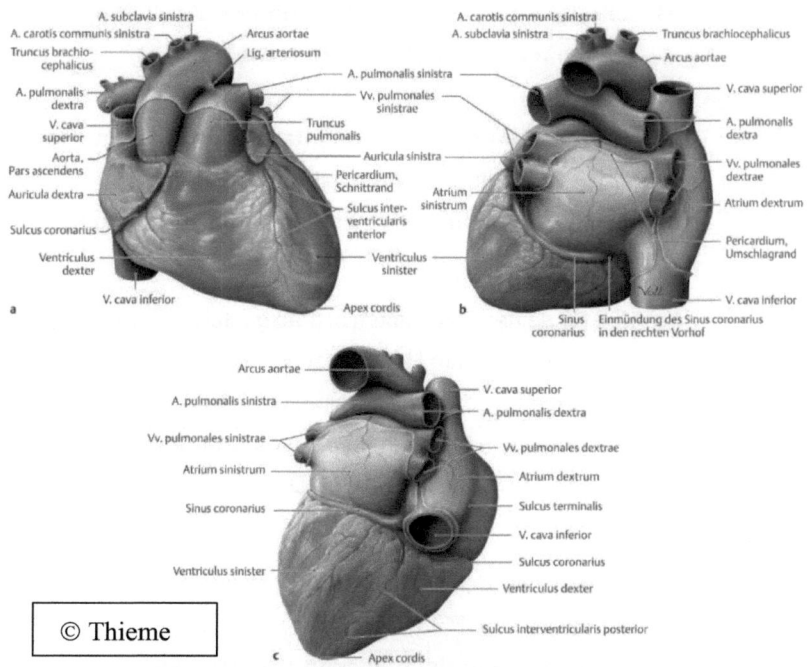

Abbildung 31 Form und Abschnitte des Herzens (Schünke, Schulte , Schumacher, Voll, & Wesker, 2022, S. 92/93)

2. Beschreiben Sie in terminologisch korrekt die Lage, das Aussehen und die Größe des Herzens

Lage und Form

▶ Das **Herz** liegt im **Mediastinum inferius**, und zwar in dessen mittlerem Abschnitt, dem **Mediastinum medium**. Etwa ⅔ **der Herzmasse liegen links der Medianebene**, ⅓ liegt rechts davon.

▶ Es ähnelt in seiner Form einem schräg gestellten Kegel, dessen **Spitze** im umgebenden Herzbeutel frei beweglich ist. Die **Herzbasis** dagegen ist durch die Gefäßstiele (**Porta arteriosa** und **Porta venosa**, s. u.) und die **Membrana bronchopericardiaca** elastisch fixiert und wird durch die Dorsalseite der Vorhöfe gebildet.

▶ Die Längsachse des Herzens, die Verbindung zwischen der **Herzspitze** und der **Mitte der Herzbasis**, steht etwa im **Winkel von 45°** zu den **drei Hauptebenen des Raumes**.

Größe und Gewicht

▶ Das Herz ist etwas größer als die geschlossene Faust des entsprechenden Menschen, wiegt im Mittel etwa **300 g** (0,4–0,45 % des Körpergewichtes) und besitzt ein durchschnittliches Organvolumen von **785 ml**. Gemessen von der Herzspitze zur Herzbasis ist das Herz ca. 12–14 cm lang. Die größte Herzbreite beträgt ca. 8–9 cm, der sagittale Durchmesser im Bereich der Herzbasis ist ca. 6 cm.

▶ Herzgewicht und Herzvolumen sind sehr vom Trainingszustand abhängig und können durch Hypertrophie auf **500 g** Gewicht bzw. **1440 ml** Volumen bei Leistungssportlern ansteigen (**physiologische Herzmuskelhypertrophie** durch Training). 500 g werden auch als **kritisches Herzgewicht** bezeichnet, da bei noch schwereren Herzen die Kapillardurchblutung allmählich zu gering wird, um den Herzmuskel ausreichend zu versorgen.

Gesamt 50/

Standardisierte Wissensabfrage Herz bei T0, T1, T2, T3

7-stelliges Pseudonym:

1. Bitte beschriften Sie genau die Anatomischen Strukturen inklusive der arteriellen, venösen Versorgung:

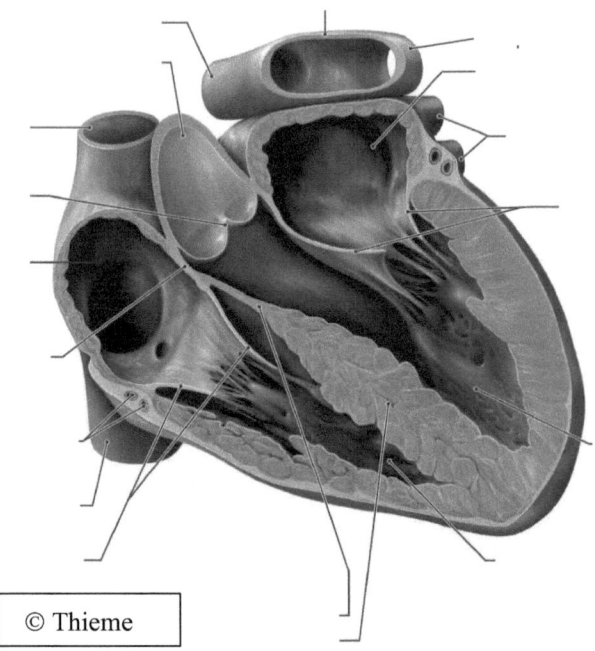

© Thieme

Abbildung 32 4-Kammernschnitt Herz Blanco (Schünke, Schulte , Schumacher, Voll, & Wesker, 2022, S. 104)

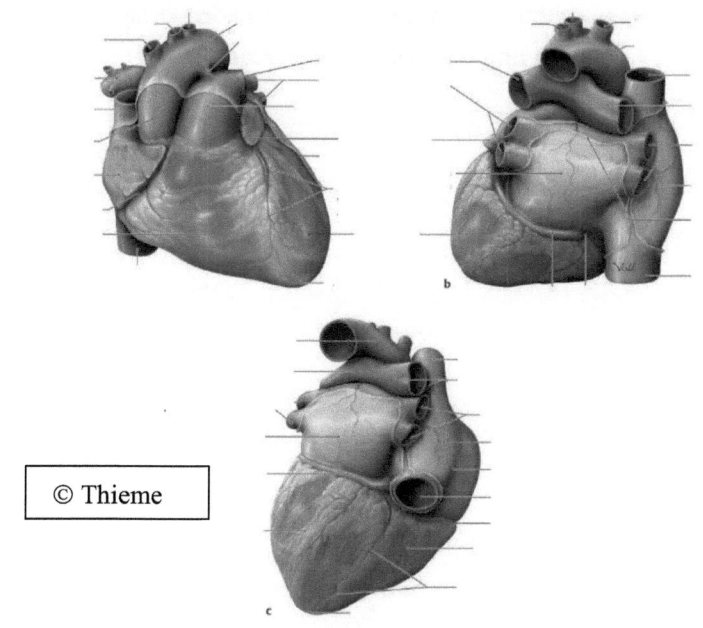

Abbildung 33 Form und Abschnitte des Herzens Blanco (Schünke, Schulte , Schumacher, Voll, & Wesker, 2022, S. 92/93)

2. Beschreiben Sie in terminologisch korrekt die Lage, das Aussehen und die Größe des Herzens

8.9 Anhang I: Deskriptive Prüfungsparameter

	mean	sd	me-dian	se	time	type
T 1 Max. Punkte 32 ohne Fachterminus Bewertung	4,31	3,35	4	0,46	t0	frontal
T 1 erreichte Punktzahl in Prozent ohne Fachterminus Bewertung	13,96	10,54	13	1,46	t0	frontal
T 1 Max. Punkte 18 Fachterminus Bewertung	1,27	1,59	1	0,22	t0	frontal
T 1 erreichte Punktzahl in Prozent Fachterminus Bewertung	7,21	8,78	6	1,22	t0	frontal
T 1 Max. Punkte 50 gesamt	5,58	4,67	5	0,65	t0	frontal
T 1 erreichte Punktzahl in Prozent gesamt	11,15	9,33	10	1,29	t0	frontal
T 1 Max. Punkte 32 ohne Fachterminus Bewertung	10,87	3,94	11	0,55	t0	virtuell
T 1 erreichte Punktzahl in Prozent ohne Fachterminus Bewertung	34,04	12,39	34	1,72	t0	virtuell
T 1 Max. Punkte 18 Fachterminus Bewertung	3,6	2,65	3	0,37	t0	virtuell
T 1 erreichte Punktzahl in Prozent Fachterminus Bewertung	19,96	14,71	17	2,04	t0	virtuell
T 1 Max. Punkte 50 gesamt	14,46	5,82	14,5	0,81	t0	virtuell
T 1 erreichte Punktzahl in Prozent gesamt	28,92	11,64	29	1,61	t0	virtuell
T 1 Max. Punkte 32 ohne Fachterminus Bewertung	16,31	6,52	17	0,9	t1	frontal
T 1 erreichte Punktzahl in Prozent ohne Fachterminus Bewertung	50,98	20,39	53	2,83	t1	frontal
T 1 Max. Punkte 18 Fachterminus Bewertung	9,85	4,38	10,5	0,61	t1	frontal
T 1 erreichte Punktzahl in Prozent Fachterminus Bewertung	54,69	24,28	58,5	3,37	t1	frontal
T 1 Max. Punkte 50 gesamt	26,15	10,63	28	1,47	t1	frontal

T 1 erreichte Punktzahl in Prozent gesamt	52,31	21,26	56	2,95	t1	frontal
T 1 Max. Punkte 32 ohne Fachterminus Bewertung	23	4,19	23	0,58	t1	virtuell
T 1 erreichte Punktzahl in Prozent ohne Fachterminus Bewertung	72	13,11	72	1,82	t1	virtuell
T 1 Max. Punkte 18 Fachterminus Bewertung	11,13	4,1	11	0,57	t1	virtuell
T 1 erreichte Punktzahl in Prozent Fachterminus Bewertung	61,92	22,69	61	3,15	t1	virtuell
T 1 Max. Punkte 50 gesamt	34,13	7,47	34	1,04	t1	virtuell
T 1 erreichte Punktzahl in Prozent gesamt	68,27	14,93	68	2,07	t1	virtuell
T 1 Max. Punkte 32 ohne Fachterminus Bewertung	11,8	5,41	11	0,76	t2	frontal
T 1 erreichte Punktzahl in Prozent ohne Fachterminus Bewertung	36,94	16,9	34	2,37	t2	frontal
T 1 Max. Punkte 18 Fachterminus Bewertung	6,63	4,17	7	0,58	t2	frontal
T 1 erreichte Punktzahl in Prozent Fachterminus Bewertung	36,82	23,03	39	3,23	t2	frontal
T 1 Max. Punkte 50 gesamt	18,43	9,35	17	1,31	t2	frontal
T 1 erreichte Punktzahl in Prozent gesamt	36,86	18,69	34	2,62	t2	frontal
T 1 Max. Punkte 32 ohne Fachterminus Bewertung	19,67	4,94	20	0,69	t2	virtuell
T 1 erreichte Punktzahl in Prozent ohne Fachterminus Bewertung	61,57	15,46	63	2,16	t2	virtuell
T 1 Max. Punkte 18 Fachterminus Bewertung	8,16	3,83	8	0,54	t2	virtuell
T 1 erreichte Punktzahl in Prozent Fachterminus Bewertung	45,29	21,26	44	2,98	t2	virtuell
T 1 Max. Punkte 50 gesamt	27,82	8,1	27	1,13	t2	virtuell
T 1 erreichte Punktzahl in Prozent gesamt	55,65	16,19	54	2,27	t2	virtuell
T 1 Max. Punkte 32 ohne Fachterminus Bewertung	9,12	4,79	8,5	0,66	t3	frontal

T 1 erreichte Punktzahl in Prozent ohne Fachterminus Bewertung	28,67	15,06	26,5	2,09	t3	frontal
T 1 Max. Punkte 18 Fachterminus Bewertung	5,21	3,43	5,5	0,48	t3	frontal
T 1 erreichte Punktzahl in Prozent Fachterminus Bewertung	28,87	19,03	30,5	2,64	t3	frontal
T 1 Max. Punkte 50 gesamt	14,33	7,99	14	1,11	t3	frontal
T 1 erreichte Punktzahl in Prozent gesamt	28,11	16,3	26	2,24	t3	frontal
T 1 Max. Punkte 32 ohne Fachterminus Bewertung	18,44	4,94	19	0,68	t3	virtuell
T 1 erreichte Punktzahl in Prozent ohne Fachterminus Bewertung	57,71	15,47	59	2,15	t3	virtuell
T 1 Max. Punkte 18 Fachterminus Bewertung	7,37	3,6	7	0,5	t3	virtuell
T 1 erreichte Punktzahl in Prozent Fachterminus Bewertung	40,9	20,02	39	2,78	t3	virtuell
T 1 Max. Punkte 50 gesamt	25,81	7,43	26	1,03	t3	virtuell
T 1 erreichte Punktzahl in Prozent gesamt	51,62	14,87	52	2,06	t3	virtuell

Die Reihe „Pädagogische Praxisimpulse" richtet sich an AutorInnen, die aus der Praxis und für die Praxis niedrigschwellig ihre Erkenntnisse und Forschungsarbeiten darstellen und einer Leserschaft zur Verfügung stellen wollen. Für die LeserInnen soll damit die Möglichkeit geschaffen werden komplexe und theoretische Sachverhalte nachvollziehbar und für ihre Praxis anschlussfähig aufbereitet vorzufinden. Idealerweise beinhalten die Beiträge immer auch konkrete Umsetzungsvorschläge und Anwendungsbeispiele.